バトンルージュにて

初期のキャンプ風景

ハンモックに揺られてのキャンプも楽しい。ルイジアナでは虫に襲われるから、できなかったけれど……

川下り初期のキャンプはこんな感じ。洗濯物は枝に引っかけて干していた

カヤック（右）とカヌーでは、こんなに大きさが違う

カヤックに詰める浮き袋が壊れていたため、空のペットボトルを詰めて代用。貧乏旅は工夫が大事

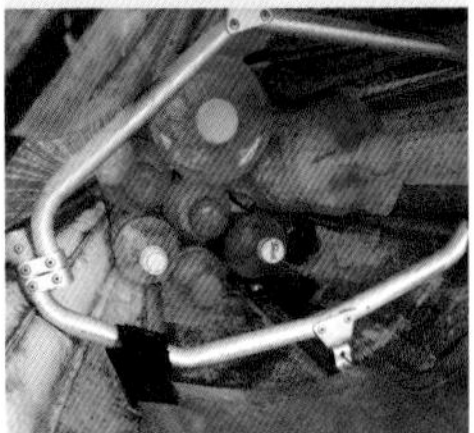

カヤックが傷ついた時は、乾かして、パッチを貼って修理する

旅が進むにつれて、カヤックの船底にはコケが！

旅終盤のキャンプ

プレゼントしていただいたテントなどの道具類は、軽くてハイクオリティー。おかげで快適な旅になった

雨が降った時は、いったん陸に上がって雨宿り。じっと耐えるしかない

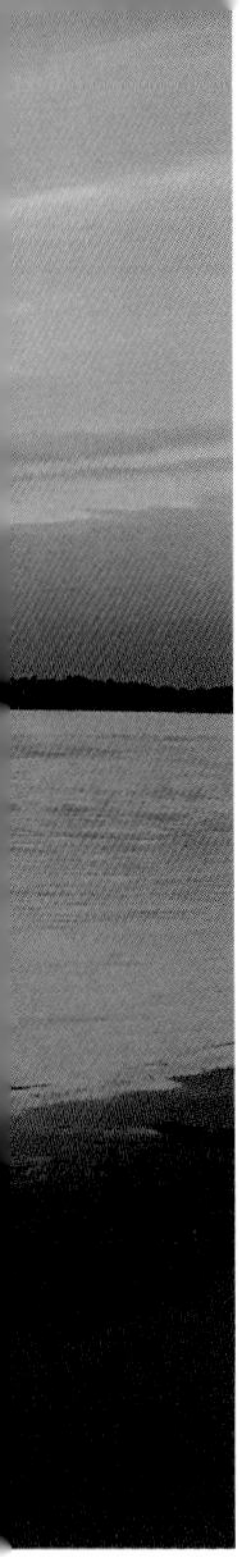

ミシシッピ川沿い
に並ぶ穀物サイロ

通過困難なほど荒々しいと聞いていた
チェーンオブロックだが、拍子抜けす
るくらいに穏やかだった

水面をよーく見ると、ワニの頭が！
無類のは虫類好きには、たまらない光景

ミシシッピ川に沈む夕日の中を
航行する巨大なタンカー船。幻
想的な光景に思わずうっとり

クーラー代わりに体を川に浸し、夕焼け
をながめるのも旅の楽しみの一つ。時間
がゆっくりと流れていく

キャンプ失敗集＆川下りグルメ

ホームレス３日目、テントを張ろうとしたらポールがボキッ。こんなことでめげない私は、すぐそばに生えていたアスパラみたいな植物で補修。旅の終盤までこのまま生活した

焚き火でじゃがいもを焼き、「さあ、食べよう」と思ったら……。真っ黒に焦げて石のようになった物体が出てきてビックリ。でも、中身はホクホクで美味しかったので、ほじって食べました

雷雨に出しっ放し！

朝起きたら、枕元で携帯電話を充電しているはずのソーラーパネルがない……。慌てて外に出ると、そこにはずぶ濡れのパネル。雨が降る前に回収するのを忘れていたらしい。幸い、吊して乾かしたら復活してくれた

薪を拾っていたら、とても鋭いものが刺さった。こんな鋭いトゲが生えた植物、まるで漫画の世界だ

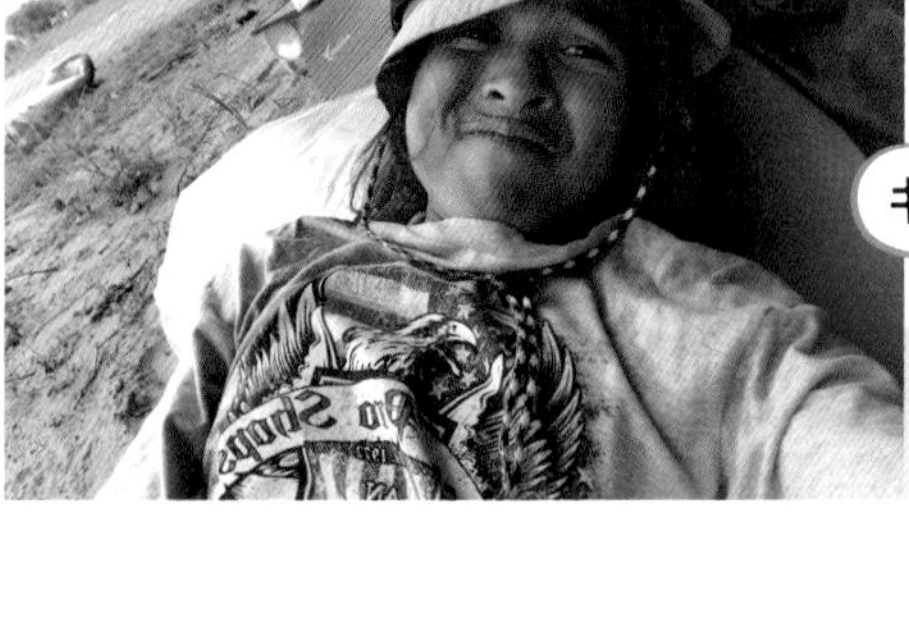
ギブアップです

川には日陰がほとんどない。直射日光が鋭い炎天下の昼間、休まずにカッパみたいに頭に水をかけながらカヤックを漕ぎ続けたら、やっぱり熱中症になってしまった

キャンプをしていると、どうしても爪の間に泥などが詰まって汚くなる。ネイルを塗って気分上々、と思ったら、うっかり砂に足を着けてしまい……がっくり

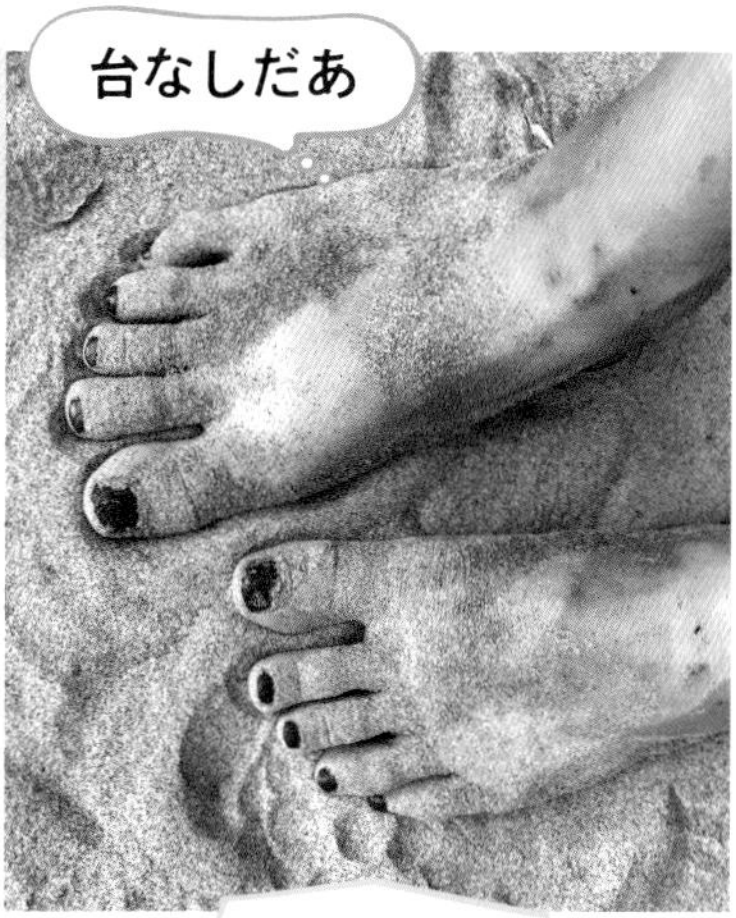

ポーボーイ。味が濃いので、これをおかずにクラッカーをつまむのがルイジアナのスタイル。日本食で例えるなら、焼きそばでお米を食べる背徳的な美味しさ

差し入れでもらったドーナツは、シーグラムというウイスキーとの相性が抜群！　1ダース入りのドーナツを、もう食べられないというくらいまで詰め込んでしまった（笑）

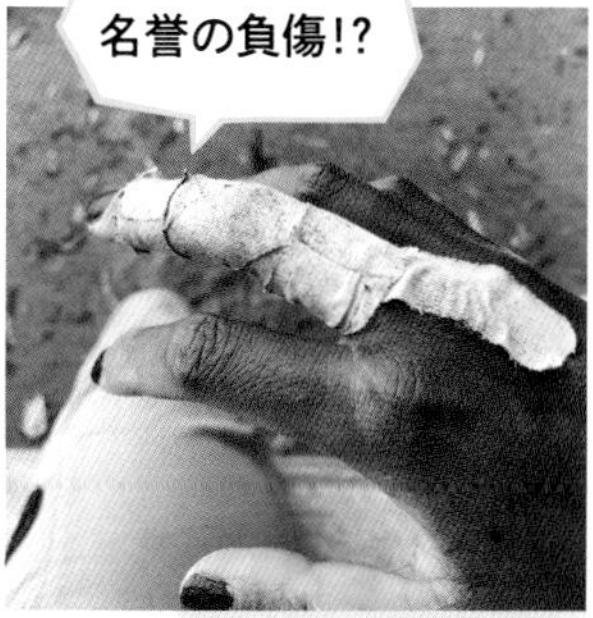

パドルが重すぎたのか、旅の終盤には、疲労で指が曲がりにくくなってしまった

キャンプで作ったガンボという料理。同じルイジアナ名物のエトゥフェに似ているが、これは、肉やソーセージがたくさん入っていて食べ応えがある。ちなみにトマトとセロリが入っているので、厳密には南部のクレオール風料理に分類される

料理をするのが面倒な時、よく食べたインスタントパスタ。安くて、なかなか美味しい

ゴールのメキシコ湾にたどり着いて、自撮りで記念撮影。3000キロの道のりは長くて、短かった！

旅の序盤で知り合ったワイルドお姉さんとは、終盤でまた合流。バトンルージュからゴールのメキシコ湾までを2人で漕いだ。発砲スチロールの板に果物やら飲み物やらを載せ、川に浸かったままの“ミニパーティー”は、本当に楽しかった

私は実は廃墟マニア。川に浮かぶ廃船を探索する。ちょっぴり危険で怖いけど、ワクワクする

ホームレス女子大生川を下る

inミシシッピ川

3000キロの川下り全体図

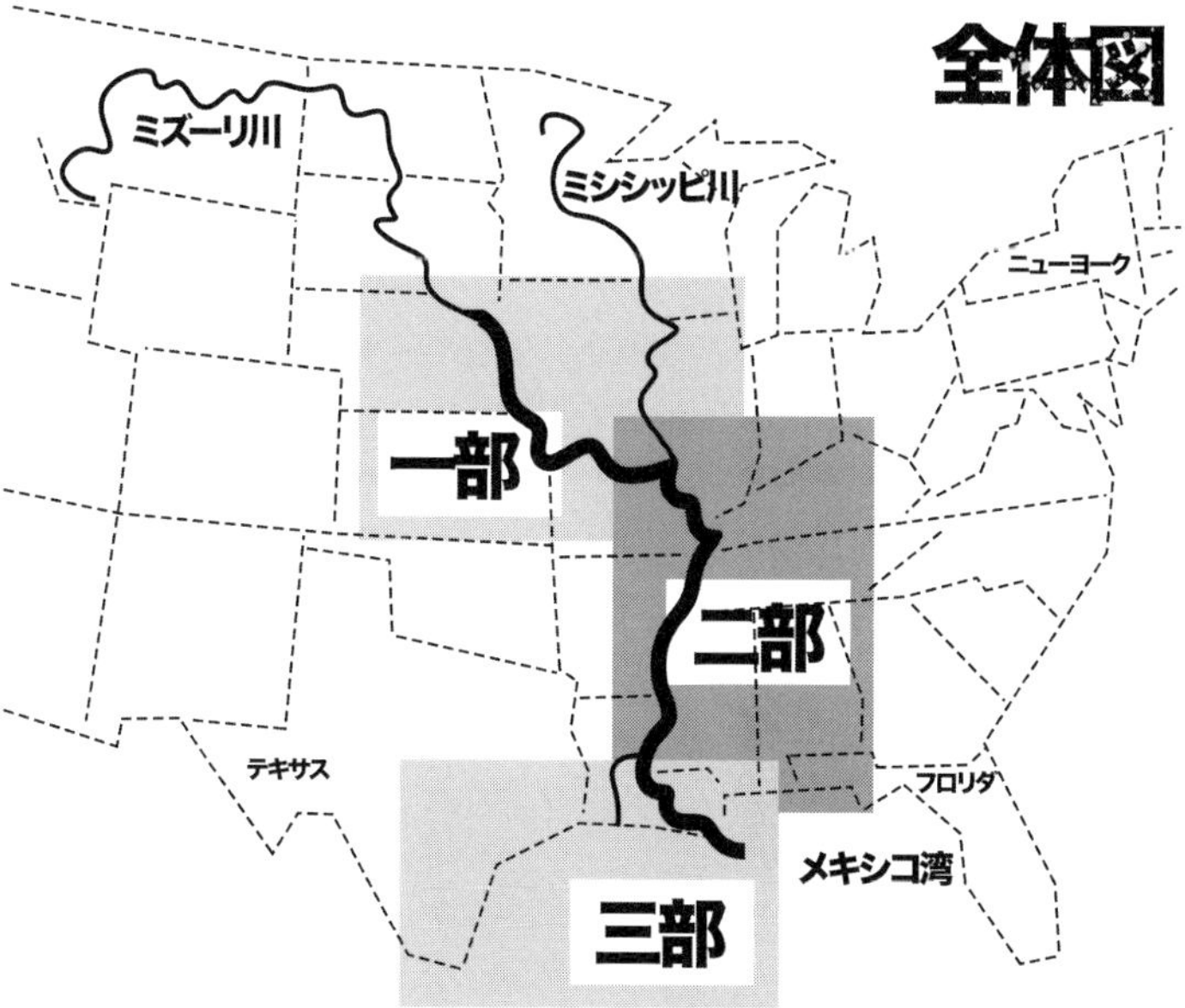

はじめに

初めまして、佐藤です。アメリカのアウトドアを代表するロッキー山脈のすぐそばコロラドで、4万円の格安キャンピングカーに住みながら、これを書いています。今この状態をホームレスとは違うと言い切れるのかは怪しいところですが、2020年の夏、大学4年の夏休み、私はアルバイト先が決まらないままアパートの更新を切らして退去となり、しばらく川沿いにテントを張って暮らしていました。正真正銘の、ホームレスでした。

これは留学先アメリカでの出来事。留学なんてお金持ちの特権のように聞こえますが、私には今、父も母もいないし、人生で楽しかったことと同じ数だけ、辛い経験もしました。

アメリカにはもちろん、日本のみならずアフリカや中南米など世界各国から留学生が集まっています。その多くは、自国での生活に満足いかず、第二の人生を夢見て渡米した若者たち。それぞれ苦悩を抱えて、それでも生き残ろうと必死にもがく人で溢《あふ》れているのが現状です。

学校で何を学び、どんな仕事に就くか。人生における大切な選択をしたその先にどんな社会的意義があるのか、若者は常に問われ、それに対する明確な答えがない者は出来損ないみたいな、そんな目に見えない社会の圧力を感じることがあります。

だけど、世のため人のため、そんな綺麗な言葉ばかりが先行している人気インフルエンサーの言葉は、心に響きません。社会的優等生の生き方は、見た目こそ良いものの、大して使えず飽きられて捨てられる。そんな安っぽさ、哀愁すら感じるのです。

歴史に残る偉大な冒険家たちは、世のため人のために冒険に出たでしょうか?

本当は理由なんかなくて、彼らはただ自分の野心に忠実に、旅に出たのだとしたら。

私たち凡人こそ、彼らの背中を見習って、野心を持って生きるべきではないでしょうか。

人は貧乏になると萎縮して動けなくなるのが普通ですが、私は家がない身軽さを肯定的に捉えることにしました。家がなければ、テントに住めば良いのです。そして、テントに住みながら、あちこちを旅して回れば良いのです。

今回、私は住所不定のホームレスになりながら、傷だらけの古いカヤックに乗って川を3000キロ下り、単独でネブラスカ州からメキシコ湾を目指しました。費やした期間は3ヶ月。使ったお金は10万円。家を断捨離して家賃がなくなったおかげで、旅に出ることができました。

川下りの旅の途中、一見見窄《みすぼ》らしい格好で川を下る私を見て、町で出会う人たちはよく私にこう声をかけてくれました。

「私もあなたのような旅がしたい」。

泥臭い貧乏旅行なんて、安い飛行機に乗って自由に旅行できる時代、流行らないでしょう。でも、アメリカ人に言わせると、私のような貧乏旅行ができる人は、Culturally Rich（文化的に豊かな人）なのだそうです。

豊かな富は、分配するもの。

だから私は、川下りの全貌をここに記すことにしました。

令和3年11月

佐藤ジョアナ玲子

はじめに……2

第一部 ミズーリ川 編 サウス・スーシティ〜セント・ルイス

1 ホームレスへの転落……8
2 フォールディングカヤックとは……21
3 ホームレス3日目の事件……28
4 ネブラスカの野生……38
5 カンザスシティと野宿の手引き……43
6 ワイルドカヌー四人衆……50
7 穴あきカヤック……58
8 マイアミの人口は170人……66
9 セントルイス……73

第二部 ミシシッピ川 前編 セント・ルイス〜セントフランシスビル

1 ミシシッピ川の巨大船……86
2 蛇口の水はどこから来る？……94
3 孤島の鳥は肌の色を気にしない……102
4 お金持ちとの遭遇……111
5 メンフィス……119

6 バイブルベルト 128
7 クラークスデール 137
8 ミシシッピデルタ 145
9 ヴィックスバーグとヤズー川の今昔 149
10 ミシシッピ川はどこへ行く 155
11 野生のワニ 159
12 ナチェズと剥製職人 168
13 南部の歴史は奴隷の歴史 174
14 毎年水に沈む町 180

第三部 ミシシッピ川 後編 バトンルージュ〜メキシコ湾

1 バトンルージュとタンカー船 186
2 発がん横丁 194
3 ルイジアナの苦難 196
4 二人旅の楽しみ 204
5 引きの悪い男 210
6 最後の100マイル 218
おわりに 234

現在、私が住んでいるのは、トラックの荷台に載せるタイプのキャンピングカーです。
これを職場の裏庭に置かせてもらって生活しています。
今の私の暮らし方は、この本に残す川下りの旅の出来事に導かれたものです。

第一部　ミズーリ川編

サウス・スーシティ〜セント・ルイス

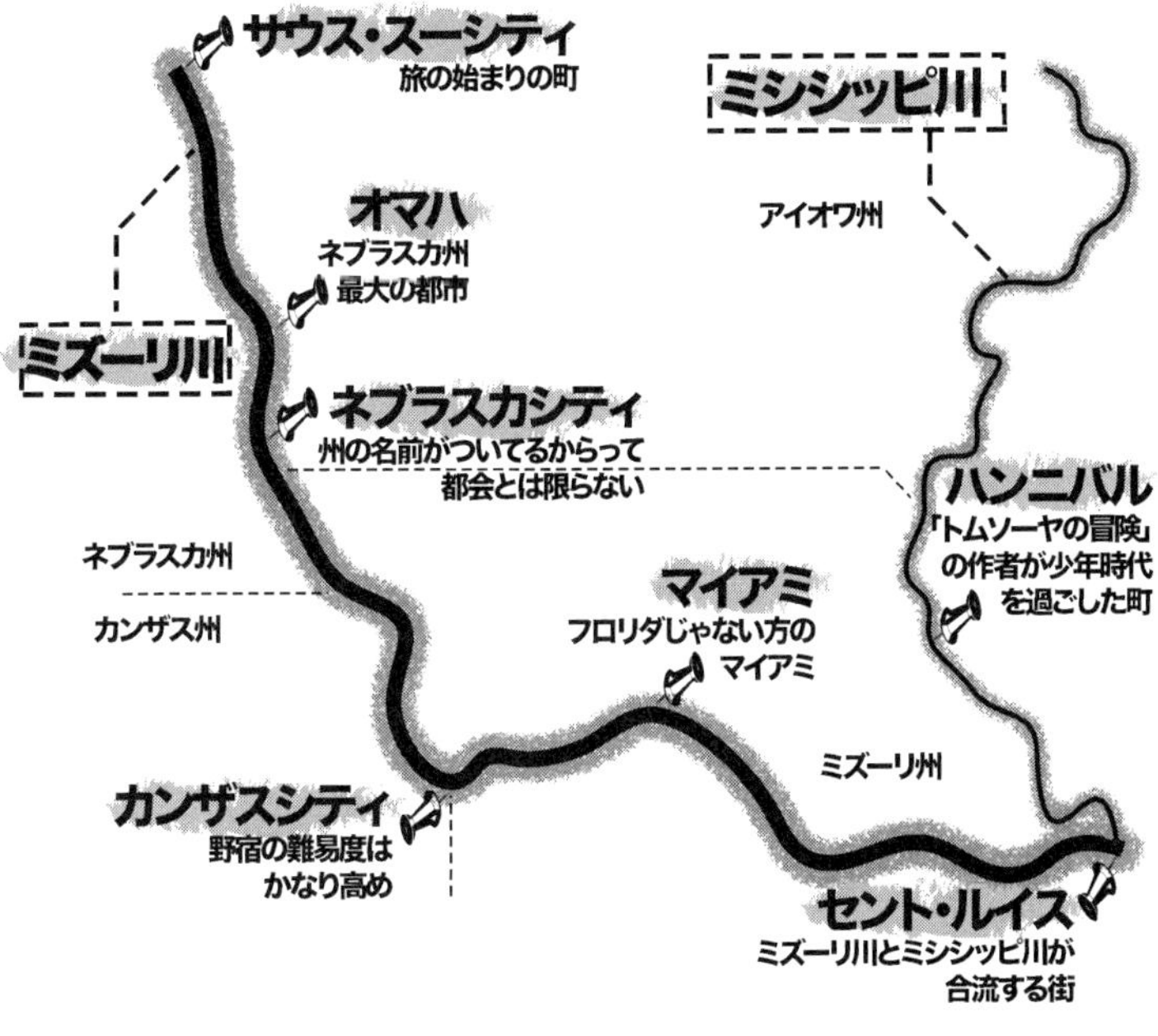

1 ホームレスへの転落

家を失うというのは、恐怖体験だ。

私が初めてアルバイトをしたのは、高校1年の4月。採用手続きのため、身分証明で必要になる住民票の写しを役所にもらいに行って、ふと思った。もし私に住所がなかったら、私はどうやって自分が自分である事を証明するのだろう。

自分が自分であるというのを証明するのは、簡単なようで難しい。

もし、住所がなかったら。私は、自分が自分であるということを証明する紙切れ一枚ぽっちもらえない。突き詰めると、自分がこの世に存在していないも同然の扱いになってしまう。

そしてそういう現実は、ちょっとした人生のつまずきで誰にでも起こりうる。

だから私は、家を失うのが怖かった。

そんな私がまさか、異国の大地アメリカでホームレスになるなんて。

人生どん詰まりだった。

アメリカにはもともと大学留学のためにやって来た。留学というと、いかにもお金のかかりそうな贅沢な響き。アメリカの大学生は、日本の大学生と違ってバイトに打ち込む暇もなく勉強に明け暮れる。そういうイメージがあるけれど、実際それが当てはまるのは、一部の良い大学に通う経済的に恵まれた学生だけ。

地方の大学には苦学生も多くて、学費などは奨学金で賄うにしても、生活費のために睡眠時間を削ってバイトを頑張る学生がいる。だけど私たちみたいに学生ビザで滞在している留学生は、アメリカ国民の雇用を守るという観点から、かなり限られた条件の中でしかバイトが認められていない。だから、アメリカで四年制大学を卒業するのを目標に渡米しても、実際には、途中で資金繰りが困難になって、卒業を諦める留学生がたくさんいる。例えば、夏休みに一時帰国して、日本でバイトに明け暮れ、それでも資金繰りがどうにもならずに大学復帰を諦める。

そういうパターンがよくある。

そういう中で生き残るには、少し工夫がいる。私の場合、学生寮の寮長になって寮費無料で滞在したり。食堂で働く友達を作って、裏ルートで学食の残りを手に入れて毎日の食費を浮かせたり。大学も、日本の国立大学より学費が安いと噂の大学を見つけた。ネブラスカ州のド田舎にある大学だった。

ネブラスカでは、ニューヨークやカリフォルニアと違って満足に日本食を手に入れられない。だから毎日、動画で回転寿司やラーメンの食レポ動画を見ながら食事をして、食べたつもりになって気分を誤魔化《ごまか》した。日本に住んでいても、カツカツの月末に妄想で腹を膨らませた経験は、誰しも若い頃に一度は経験があるだろう。

日本でも、海外でも、苦学生はどこにでもいる。

銀行口座の残高にマイナス表示機能があることを知っている人は、世の中にどれくらいいるだろうか。私の口座は諸々の引き落としの後、マイナス値を示すことが度々あった。初めて見た時は衝撃だったけれど、もはや慣れてしまった。

お米を切らして25セントの袋麺ですら買うのに事欠くようになると、戸棚に余った小麦粉を見つけて、水で練っていろんな料理にしてしばらく過ごしたりして。そうやって、どうにか大学4年までアメリカで生き残った。

けれど、ちょうど夏休みに入る前、アパートの更新が切れて退去することになった。次のアパートに引っ越す資金は、手元にない。そして私は、留学先アメリカで一人、ホームレスになった。

大学を辞めて、日本に引き返すか。

いや、私は家を失ってもなお、アメリカに残り続けたかった。

私の希望は、ホームセンターで３０００円で買ったテント。

家がないなら、テントに住めば良い。

そうだ、テントに住みながら、あちこち旅をして回ってみよう。どうせ私は無職、誰にも引き止められやしない。失うものがない人は、何だってできる。

頑張っても報われなかった時。落ちこぼれた自分を周囲と比べて、惨めな気持ちになった時。もう一生、ここから挽回できないんじゃないかと思い詰めた時。私は一旦、嫌なことは全て忘れて、一人旅に出たくなる。

若者の貧乏旅というとまず、ヒッチハイクが思い浮かぶが、それは間違いだ。アメリカにはルールオブロードというものがある。これはヒッチハイク界に伝わる不文のルールブックで、ヒッチハイカーは車に乗せてもらった対価としてcash（金）、ass（尻）、grass（草）の3つのうち、いずれかを支払うのが礼儀とされている。草は大麻、尻は性的なものを意味する。残る選択肢はお金だけど、移動の度にお金がかかったらいつか破産する。ヒッチハイクの意味がない。

私が思う本当の貧乏旅行のあるべき姿は、川下りだ。

歴史を遡《さかのぼ》ると、古代の四大文明は全て大河の近くで誕生した。人が暮らすには飲み水が必要だし、家畜や作物を育てるにもたくさん水を使う。それに大量の荷物も船に積んで川に浮かべれば遠くまで簡単に運搬できる。川と人間の暮らしには密接な関わりがあって、現代でも世界的に見て川沿いに栄えている町は多い。
だから旅人も、川に沿って旅をすれば、まず物資の入手先に困ることはないし、一人旅と言っても町へ出れば人と会話することもできる。それに何より、舟に乗って川に浮かんでさえいれば、流れに身を任せるだけでどこまでも遠くへ行ける。川下りは、適度に文明との接点を保ちつつ、体力も使わずに最も安価に長距離を移動できる。貧乏旅行に必要な要件を全て満たした旅のスタイルだ。

私の頭の中にあったのは、環境学の講義で教授が言った言葉。アメリカのド真ん中、何もないネブラスカ州を流れる小川も、最後にはメキシコ湾の海水へ注ぐのだと教授は言った。

ざっと地図を見て、ネブラスカ州の東北の端に位置するサウス・スーシティを流れるミズーリ川が、やがてミシシッピ川に接続し、そして確かにメキシコ湾へたどり着くことを確認した。

ミシシッピ川は、アメリカ最大の水量を誇る川で、アメリカの西部開拓の歴史が詰まっている。川はアメリカを南北に貫き、流域にはアメリカを代表する大都市がいくつも並んでいる。ミシシッピ川はその川の大きさからたくさんの大型船が行き交い、現在もアメリカ国内の物流で大きな役割を担っている。アメリカの人々の生活の根幹には、ミシシッピ川の存在があると言っても良い。

だけど意外にも、ミシシッピ川流域の開拓の歴史は、歴史上はかなり浅い。詳細地図が描かれたのも比較的近代の出来事で、19世紀初頭にルイスとクラークの探検隊が川を下ったのがきっかけだという。

ミシシッピ川は、上流の地域でいくつもの大きな川が合流し、大きな一本の川を形成している。そんなミシシッピ川に注ぐ支流で最も代表的な川が、私が住むネブラスカを流れるミズーリ川。これはアメリカ最長の川として知られていて、流域にはそれぞれ文化や習慣の違う独立したネイティブ・アメリカンの部族たちが住んでいた。ミズーリ川を流れる7つの州のうちの6つ、ノースダコタ州、サウスダコタ州、ネブラスカ州、アイオワ州、カンザス州、ミズーリ州の州名は全て部族の名前にちなんで命名されている。

そんな由緒あるミズーリ川流域には一体どんな景色が広がっているのか。ネブラスカ周辺に関して言うと、答えは、そこは真っ平らで、草しか生えていない。何もない平原が、地平線が、どこまでも続いている。
そのせいか、ネブラスカ州は全米屈指の退屈な場所という異名がついている。車を走らせていくつ丘を越えようとも、あるのはどこまでも広がるトウモロコシ畑。そして時々、牧場が見えるだけ。
ある年のネブラスカ州の観光局のキャッチフレーズはこうだ。
Honestly, it's not for everyone.（正直、万人向けではありません）
Lucky for you, there's nothing to do here.（幸か不幸か、何もすることがない場所です）
こんなことを公式に認める観光局があって良いのだろうか。
そんな調子だから、例えば他州に行って雑談をした時に「ネブラスカに住んでいるんだ」と言おうものなら、フッと失笑される。そのくらいダサいのがネブラスカ州。それは埼玉県の自虐ネタで一世を風靡《ふうび》した漫画の比ではない。だってネブラスカは埼玉県と違って、本当に何もないんだから。

だけど、だからこそ、私はネブラスカ州を旅のスタートに川を下りたかった。

きっかけは、Aldo Leopold 氏の「Sand County Almanac」という本。

ネブラスカ一帯の植生は、イネ科の草。いかにも退屈な響きだけど、氏曰く、草原というのは草一辺倒に見えて実は豊かな多様性に溢《あふ》れているらしい。

ネブラスカの夏は、暑くて乾燥しているので、落雷で火事が起こるとどこまでも火が広がって植物が燃え尽きてしまう。冬は軒先で冷凍庫がわりにアイスクリームを保管できるくらい寒いので、耐えられない植物は枯れてしまう。植物が育つには過酷な土地。草はそういう厳しい一年の中でも、朽ちては芽吹いてを繰り返し、土に養分を蓄えて、大地を豊かにしてくれる。

草原には、人間社会の縮図みたいなものも描かれている。草の生え変わりは、めぐる季節の変化によるものだけではない。シカなど大きな動物に踏まれて一部が枯れることで、草は新しく生え変わる。辛い逆境に立たされて、新しく生まれ変わるのだ。そして草が生え変わると、その草の種類や高さによって、そこに住む虫や動物にも変化が起こる。そういう多様性を含んでいるのが、アメリカ固有の草原地帯らしい。

だけどこの固有の草原地帯というのは、実は95パーセントが農地などに開拓されてしまっていて、今はもうほとんど残っていない。そういう意味で、ネブラスカの自然はアマゾンの森林より貴重だと言える。

氏は著書の中で、ネブラスカの自然の良さを力説していた。だけど、それを読んだ時の私の感想は、「まさに退屈」だった。私は毎日ただ大人しく大学に通うだけで、ネブラスカの地域の自然なんて実際にはほとんど何も体験していない。だから、見たこともない草木や動物についていくら詳細に書かれていても、ただただ読むのが辛くなるくらい退屈だった。

There are some who can live without wild things and some who cannot.

氏曰く、人間には2種類いるらしい。野生や自然がなくても生きていられる人と、そうでない人。

私は自分のことを後者であると自負していた。けれど、留学生としてアメリカに住んでいると、授業や課題で頭がいっぱいになる。机に向かって教科書を暗記するばかりで、私は実際の風景を何も知らない。私は、自分がアメリカ固有の自然に関してとことん無知なのが悔しかった。

家を失い、海外で身寄りもない今の状況は、自然の中に飛び込んで旅をするにはむしろ好都合。だからネブラスカから川を下りながら、アメリカの自然とその大地に広がる景色がどんなものなのか、自分の目で確かめてみることにした。

浮浪の旅だけど、私はただのホームレスじゃない。志のあるホームレスなのだ。

ネブラスカからメキシコ湾までの距離はおよそ３０００キロ。日本の国土の長さと同じくらい。

私の寝室の隅には、テントのほかに、訪ねて来た人がほぼ必ず中身を知りたがる怪しげな巨大なバックパックが置いてある。中に入っているのはフォールディングカヤック。アルミの骨組みに船体布を被せて組み立てる小さな手漕ぎのカヤックで、日本のおじいちゃんから以前譲り受けたもの。１９８０年代の古いカヤックだけど、「One man's trash is another man's treasure」ということわざは本当で、他人にとってはガラクタでも私にとっては財産だった。私はこの折りたたみ式のカヤックで一人、メキシコ湾を目指すことを決めた。

カヤックは傷だらけで、穴を直した跡にはパッチがたくさん貼ってある。水に浮かんでいる時に万が一、浸水しても浮力を失わないように、本来は中に浮き袋を入れる仕様になっているが、浮き袋はどれも壊れている。直すのが面倒なので、空のペットボトルをたくさん詰めて代用することにした。

カヤックを折りたたんで入れたバックパックの隙間に、テントと寝袋とコンロなど、キャンプ道具一式を詰めた。

川を延々とメキシコ湾まで下り、毎晩川岸にテントを張って過ごす毎日に、家賃の心配は必要ない。冬はマイナス20度のネブラスカから、亜熱帯気候のメキシコ湾まで、カヤックで一人で漕いで渡ったら、きっと毎日楽しいだろう。

私の頭の中はそんな妄想でいっぱいになって、バイト探しもアパート探しも全部どうでも良くなってしまっていた。不安や怖さよりも、興奮が勝つ。私はとにかく、川を下ってみたかった。

いざアパートを引き払ってみると、荷物は全て、たった畳1畳半くらいの小さな貸し倉庫に収まってしまった。ダンボールには、今までの生活の全てが詰まっているはずなのに。旅立ちは思っているよりも簡単で、あっさりしていた。

新たな旅立ちに胸を弾ませる私とは対照的に、周りの反応は訝《いぶか》しげだった。出発の地サウス・スーシティまでクラスメイトに車で連れて行ってもらう途中、川下りの計画の全貌を伝えると、彼女は「そんなバカな旅、私があなたのお母さんなら、そのカヤックを破壊してでも阻止するわ」と言った。無謀な挑戦だと言って彼女は呆れていたし、周りの人もどうせ誰も本気にしない。私は、誰かに自分のことを理解してもらおうなんて、そもそも期待もしていなかった。

「ゴミだってプカプカ川に浮かんでさえいれば、メキシコ湾にたどり着くんだから」。心配するみんなには、行けるところまで行ってみるとだけ伝えて、私は消えるようにして旅に出た。

2 フォールディングカヤックとは

私が川下りに使ったカヤックという乗り物は、カヌーと違ってかなり小さい。一週間前後の長期のツーリングを想定して作られたカヤックは長さが5メートルくらいあるのが一般的だけど、私のカヤックは4メートルよりやや長い程度。本来は一泊程度のキャンプ旅を想定して使われる。けれど私はこの中に1週間分の食料と水を常に確保して、それから主に以下の荷物を持ち込んだ。

持ち物リスト……テント、寝袋、ヨガマット、ヘッドライト、保冷バッグ、調理コンロ、ジェットボイル、ガス缶、お箸、ミニコップ、調味料、十徳ナイフ、ライター、ポータブルソーラーパネル、ポータブル電池、充電ケーブル、携帯電話、カメラ、雨具、着替え、サングラス、帽子、バンダナ、ビーチサンダル、スニーカー、日焼け止め、重曹、救急セット、生理用品……。

地図は、アメリカ軍が発行しているリバーチャートと呼ばれる物を携帯に無料ダウンロードした。これを見れば、船着き場の位置や、河口までの距離も一目瞭然。

テントはホームセンターで３０００円の品、床に敷くスリーピングマットは安いヨガマットで代用した。

カメラは、水没するのが怖くて、あえて古い壊れかけのミラーレス一眼を持って行ったら本当に壊れていて、結局ほとんど何も撮れなかった。

携帯の充電に使うソーラーパネルは16ワットの三つ折りタイプ。これをポータブル電池パックに接続して、カヤックのデッキに載せて漕ぎながら充電する。万が一、水没してしまった時のために、電池パックは予備をもう１つ用意した。

いくら実質的にホームレスとはいえ、町を歩く時は普通の人として溶け込みたいというのが乙女心で、おしゃれ着としてワンピースを用意したが、１度着ただけで出番がなかった。おしゃれ着は不要だけど、重曹は持って行った方が良い。連日の汗と皮脂汚れで臭くなった洗濯物は、コインランドリーに持って行ってもやっぱり残り香があって臭い。頑固汚れには重曹が一番効く。

荷物は防水の袋か、机やまな板として使えるプラスチックのコンテナボックスに入れて、とにかくカヤックの中に無駄な隙間を作らないようにパズルみたいにして積み込んだ。

もし私の舟が大きなカヌーだったら、オープンデッキと言って舟の上に被せが何もついていないから、川に浮かびながらでも立ち上がって伸びをしたり、かなり自由に体を動かすことができる。だけどカヤックの場合は、人が乗るためのコックピットと呼ばれる穴がデッキに一つ空いているだけ。おまけに私みたいに荷物がギュウギュウで両足の間にも袋があるような状態だと、かなり窮屈になる。まさにエコノミークラス症候群との戦い。こう言ってしまうと、長旅をするのにカヤックを選択するメリットがないように聞こえるけれど、私のカヤックには、カヌーにない良さがある。それは、折りたためるという点。

普通、カヌーやカヤックで長旅をする時は、出発地点まで車の天井に載せて運んで、帰りも迎えの車を用意することになる。あるいは、海外遠征なら現地で舟を買って、旅を終えたら売ってしまうか。選択肢はそれしかない。

けれどフォールディングカヤックなら、舟はもちろん、分割式のパドルや身の回りのキャンプ道具なども含めて全て1つのバックパックに収まる。電車、バス、飛行機など、公共の交通機関を使ってどこへでも持って行けるから、移動に制限がない。フォールディングカヤックこそ、何の制約も受けたくない自由な旅人にぴったりの乗り物だった。

フォールディングカヤックはその構造上、薄い船体布一枚を隔てて川の水がある。裸足で乗ると、船体布越しに足の裏で水を感じる。そんなフォールディングカヤックを見て、「全く、何て頼りない舟なんだ」と普通の人は難色を示す。だけど過去には、フォールディングカヤックで偉大な外洋航海を成し遂げた冒険家もいる。舟遊びが好きなマニアックな人からは「珍しい舟だね、宝物だ」と声をかけられて、友達になるきっかけが生まれることもある。

私のフォールディングカヤックは、日本のリバースチール社製のトランパーという種類。1980年代のアウトドアブームの頃に作られたもので、今ではほとんど見かけない。リバースチール、という名前は、直訳すると川と鉄、つまり川崎製鉄にゆかりのある会社らしい。日本の金属工業の技術の賜物か、製造から30年は経っているけれど、まだどこも特に錆付いていない。古い道具ほど余計に愛着が湧くもので、もしかしたらこのカヤックを現役で使っているのは私が最後の一人かもしれない、なんて想像すると誇らしい気持ちになる。

一体このカヤックを設計した生みの親は誰だろう。今頃になってこのカヤックがアメリカの川を３０００キロも下るなんて、きっとこれを作った人も想像していないはず。旅を終えたら、設計者を探し出して、手紙でも出してみよう。そう思っていた。期せずして、旅の途中、ＳＮＳを通した情報提供で、私のカヤックの生みの親を特定することができた。その方の名前は古橋さん。しかし残念ながら、すでにご存命でないらしい。日本のフォールディングカヤック界の全盛期を生んだ人たちの多くは現在高齢で、世代交代の時期に差しかかっているのかもしれない。

アメリカの舟人は自分の舟にやたらと名前をつけたがる。だけど、私の舟はあえて名なしのままにしている。そもそも私は人の名前もすぐに忘れる性格だから、ただ「舟」とだけ呼んでいる。名前なんてあってもなくても、関係ない。私は舟といつだって運命共同体なんだから。

昨今、日本では空前のキャンプブームが起こっているらしい。専門店のみならず、家電量販店でさえ特設コーナーを設けていると聞く。世の中をアウトドアの熱狂へと駆り立てている正体は一体何なのだろう。

私が初めてキャンプをしたのは中学生の頃。伝説のカヌーイスト野田知佑氏が住んでいたことで知られる亀山湖を、おじいちゃんと一緒にカヤックで漕ぎに出かけたのが初めての思い出。キャンプは非日常の体験の連続で、固い地面と、寒い寝袋と、おまけに朝ご飯の卵焼きが私の大嫌いな超甘口で。思い返してみるとやっぱり、キャンプは楽しいというより苦行だった。

高校に入ると、家族と離れた自分の時間が欲しくなって、週末に泊まりがけで活動する山岳部に入った。テントは同学年の女子で部室から一つ選んで持っていくのだけど、私たちの班はいつも人数が多くて、ほとんど選択肢がなかった。

そのうちの一つは五角形のテントで、両端の人は長さが足りなくて足が伸ばせないから、みんなで体を箱根の寄木細工みたいにして、どうにか足を伸ばせるように工夫して寝る。

そしてもう一つのテントは、あちこち穴が空いていて、フライも撥水性がなく、雨が降ればポトポト雨漏りがおでこに落ちてくる。ひどい時にはテントの中に水たまりができて、ウォーターベッドと呼んでいた。だから雨の日はカッパを着て寝た。翌朝になると、テントは雨水を吸って膨張して重たくなっている。それを大きなザックに押し込んで歩いたのは、憂鬱な思い出。

当時の私にとってキャンプとは、あくまで山に登るために必要な行程の一つだった。キャンプはやりたくてやるものではなくて、キャンプするしか方法がないから、仕方なくキャンプをした。

今の私も同じ。家がない。テントしかない。だから私はキャンプをする。

3 ホームレス3日目の事件

北アメリカ最大の水量を誇るミシシッピ川は別名、ビッグ・マディ（泥の河）と呼ばれているが、真の泥の河とはミシシッピ川の上流を流れるミズーリ川のことを指す。

ミズーリ川の源流はロッキー山脈にあって、中西部の砂漠と平原地帯を通る過程で細かい砂や泥がたくさん運ばれてくる。そのせいで、川はいつも茶色く濁っていて、ミルクコーヒーみたいな色の水が勢い良く流れている。水の透明度は、ほとんどゼロに等しい。だから、都会に住む人の多くは、ミズーリ川を泥だらけの汚い川だと思っている。川の水が泥っぽいのは、砂がたくさん含まれているせいで、川岸にはその砂が堆積してできた浜があちこちにある。5月は雨が多い季節なので、大抵どこも湿っていて、焦げ茶色の地面だ。少しでも乾いているところを探して、テントを建てることになる。

スーシティの町の近くで丁度良い川岸を見つけて目を凝らすと、同じくテント暮らしをしているホームレスを見かけた。川沿いがホームレスにとって住みやすいのは日本もアメリカも変わらない。

スーシティを出発してミズーリ川に浮かびながら、高速道路の下をいくつも越えた。そのうち、あれだけうるさかった車の音が聞こえなくなった。左右には緑の森。前後には茶色い川の水。地上に見えるのは、その2色だけ。「やっと自然を探検できる」。そう思った矢先、予想外の事件が起こった。

出発から3日目、テントが壊れた。

ホームレスにとって頼みの綱であるテントが、壊れた。これから3000キロの旅路をともにしようとしていたのに、たった3日目で壊れた。漫画のヒーローが遅れてくる遅刻魔なら、ピンチはいつだってフライングの常習犯。

笑えない。絶体絶命のピンチである。

壊れたのは、強風が原因だった。その日はとにかく風が強かったので、テントを建てている最中に飛ばされてしまわないように、先にペグでテント本体を地面に固定した。それからポールを取り付けて、ちょうど立体になったところで、突風が来た。テントは、風に煽られて大きく歪んだ。そして、あっさり、ポキッと軽い音を立てて、ポールが1本折れた。

私の心も絶望的にポキッと……折れなかった。

周囲を見回すと、すぐそばの草っ原に、アスパラみたいな草を見つけた。正体はわからないけれど、色も太さもしなり具合も、アスパラそっくりだった。あたり一面に生えていたので、ハサミでジョキジョキ刈り取って、折れたポールに何本もあてがい、ガムテープで巻いて固定した。見た目こそ不格好だけど、テントの張りを支えるには十分な強度があった。

早速、ネブラスカの草原に生える植物の多様性に助けられてしまった。

そうやってテントはどうにか直ったけれど、この日私は、大切なものを一つ紛失した。

それは、お気に入りのビーチサンダル。

突然大雨が降ってきて、慌てて浜に上陸しようとしたら、その浜がえらくぬかるんでいて、底なし沼みたいになっていた。足がどんどん沈んでいって、引き抜いた拍子にビーチサンダルが脱げて、そのまま泥の中に飲み込まれてしまった。

そのビーチサンダルは忘れもしない2019年の1月、アルゼンチンで手に入れたものだった。南米大陸最高峰のアコンカグア登山を終え、土埃を被った汚い登山靴のままメンドーサの町を散策していたら、途中で気持ちの良さそうな芝生の公園を見つけたので、昼寝をすることにした。靴を脱いで、足元に綺麗に揃えてから、リュックを枕にして横になった。

それから小一時間くらい眠って、起きたら、靴がどこにも見当たらない。茶色くくたびれた、見るからに汚い靴をわざわざ白昼堂々盗む人がいるなんて、信じられない。きっと自分は寝ぼけているに違いない。そう思って二度寝をしてみたけれど、起きてもやっぱり靴はそこになかった。

仕方なく、裸足のまま靴屋さんへ行って、ビーチサンダルを買った。そんなアルゼンチンの思い出が詰まったビーチサンダルは、最後、アメリカの泥の中に消えて行った。

道具が壊れたり、なくなったり。そういうのも旅の自然現象なのだろうと、受け入れるしかない。諸行無常である。

ところで、私がテントを建てた裏には、キャンピングカーが1台停まっていた。それは普通のキャンピングカーとは違う。捨てられて、車体が蟻地獄にハマったみたいに斜めに傾いた状態で半分地面に飲み込まれていた。

車の排気口の中まで泥が詰まって塞がっている。ミズーリ川は洪水が多い。このキャンピングカーもその被害者だと思う。車内に満遍《まんべん》なく広がった泥は乾いてゴツゴツひび割れていて、床は真っ直ぐ立てないくらい傾いている。冷蔵庫の扉はダランと開きっぱなしで、古い寝袋や、壊れたラジオ、それからいろんなゴミが、不自然に車内の片側に寄っている。

この時私は、全身ぐしょ濡れ。だって、着ていた雨具がボロボロで、ガムテープだらけだったから。特にズボンの方は、裏からベタベタにガムテープを貼ってある。使いすぎて、お尻の部分を光にかざすと向こうが透けて見えるシースルー仕様になっていたから、出発前に応急処置で貼っておいた。ガムテープはお尻に触れるとヒンヤリ冷たくて、中に浸水した時のごわごわとした感触が気持ち悪かった。

季節は5月下旬。ネブラスカはまだ寒い。電気の節約のために暖房を切ったアパートでは、ダウンを着て過ごしたほどだった。ましてや今、こうして雨に濡れて外で過ごすとなると、寒くて震えが止まらない。

捨てられたキャンピングカーの中は、乾いた泥の臭いか埃のせいなのか、空気がムッとこもっている。だけど、屋根と壁が外の風を防いでくれるおかげで、だいぶ暖かかった。まさに救いの城だった。

埃だとか泥だとか、そういう衛生面の多少のマイナス要素は目を瞑《つむ》って楽しめるくらいでないと、そもそも旅になんて出られない。だけど、寒いのは辛い。体が震えて「もう、無理」と危険信号が出る。

再出発を決めた翌朝は、また一段と気温が低く、テントを片付けているうちに指先がかじかんできた。一旦、例のキャンピングカーに戻って暖を取り、また外に出て荷物整理をして、また指がかじかんでくると再び車内に戻った。そうやって寒と暖を繰り返しているうちに、今度は便意を催した。

寒い外でお尻を丸出しにするのが嫌で、キャンピングカーの傾いた地面にしゃがんで、密閉袋の中に便を落として封をしっかりと閉じた。汚い話だけど、ウンチは腸の中で長旅を経ているだけあって、袋越しに持つと温かかった。

どうしてだろう。ひねり出した本人は今、寒くて凍えてどうしようもなくて、南極のペンギンみたいに爪先立ちになって体を震わせているのに。どうして、ウンチだけこんなにホカホカ温まっているのか。憎らしくなってきた。芽生えたのは、ウンチに対する嫉妬心。せっかく温かいんだから、このままゴミにしてしまうのは勿体ない。私は黙ってウンチ袋を両手に握り、カイロ代わりに暖を取った。

ウンチで思い出す。思えばクソみたいな10代だった。

普通、こんな生活をするくらいなら、日本の実家に一度帰るのがまともな選択だけど、私にはそれができない事情があった。

私が子供の頃、両親は、病気だった。父は鬱病をこじらせて、母は一人で家計を支えたけれど、過労が祟ってガンになった。見つかった時には末期だった。家は生活保護家庭になった。

ガンの最後は、緩和ケアをしながら死を待つことになる。私はほとんど母につきっきりだったのに、最期の瞬間に立ち会うことができなかった。介護用オムツを買いに出て帰宅すると、母はもう息を引き取っていた。母は遺書も残さず逝った。最後まで生きる希望を捨てない強い人だったから、死ぬ瞬間を私には見せたくなかったんだと思う。

後日、私は父親から人殺しだとなじられた。

母の死を、誰か他人のせいにしないと父親は精神が保たなかったのだと思う。

家族は、一番の支えにもなるし、一番の重荷にもなる。

日本には、良い思い出も、悪い思い出も、両方たくさん詰まってる。だからこそ、煮詰まって息も詰まってくる。

そんな時ふと頭に浮かんだのは、私が幼い頃に母が話してくれたアメリカでの小旅行の思い出話。

私の母はフィリピン人で、いわゆる貧民街で生まれ育った。小さい頃に自分のはるか頭上を飛ぶジャンボジェット機を見て、「私もあれに乗るぞ」と心に誓ったが、もちろん周りの人は誰も信じてくれない。それでも母は、恵まれない環境の中でひたすら耐え忍び努力を重ね、大人になってついに本当に飛行機に乗ってアメリカに飛んでしまったらしい。

母の亡骸と対面したその瞬間、ポッと頭に一つ言葉が浮かんだ。

それは、「Education」。

今まで一度も親から勉強について何か言われたことはなかったのに。母は、本当は私に勉強して立派になって欲しかったのかもしれない。

私は、どうせ大学へ行くならアメリカに行こうと決めた。今までろくに学校の勉強をしてこなかった。どうせゼロから学び直すんだから、日本語でやっても英語でやっても苦労は同じだろうと思った。それに何より、母が生前、青春を謳歌したアメリカに行って、私も母と同じ景色を見てみたい。

そういう期待に胸を膨らませてアメリカに来たのに。
今の現実は、ホームレス。
お母さん、ごめんなさい。

自然のキャンプ地が見つからない大都市では、
こうやって堤防近くにひっそりと野宿することもあった

半分地面に飲み込まれていたキャンピングカー。
私はここで暖を取った

4 ネブラスカの野生

ネブラスカ最大の都市オマハには、特に何もない。

川の両脇をビルに挟まれて小一時間も浮かんでいると、いつのまにか、また緑に囲まれた野生的な景色に戻っていた。

カヤックなど、人力系の長距離チャレンジは3日目までは加速度的に疲れが溜まっていくけれど、それ以降は疲れを感じなくなってくる。惰性で体が動くようになるので、私みたいにちょっと面倒臭がりな人でも、川下りの動作は負担にならない。

いつものようにキャンプでご飯を作って、ボーッと川を眺めていた。目の前は小さな湾みたいに川の流れが滞留していて、その中を、丸っこい流木がどこへ行くでもなくただじっと浮かんでいた。

だけど突然、その流木が急にスイスイ進み始めた。よく見ると、表面が不自然にガサガサしている。何だろう、と思って近づくと、その物体は急にどっぽん！と大きな音を立てて水に潜った。

川の中に消える瞬間、最後に水面に見えたのは、しゃもじみたいな形をしたノッペリ大きな黒いヒレだった。

流木だと思っていた物体は、生き物だった。だけど一体、あのヒレは何だろう。魚の尾ひれにしては分厚すぎる。だけどとても滑らかな流線形を描いて水の中へ潜っていった。あんな生き物、日本の川では見たことがない。

まさか、ワニだろうか。いやでも、ネブラスカはワニが住むには寒すぎる。尻尾に黒いしゃもじを生やした正体不明の何かは、夜通しずっと、私のテントの周りを徘徊していた。餌になる魚を探しているのか、水に潜る度にどっぽん！どっぽん！と大きな音を立てていた。

だんだん、怖くなってきた。いざという時にすぐに脱出できるように、寝袋のジッパーは開けたままにしておいた。野生動物の襲来にどう反撃するかイメージトレーニングを重ねて、まるで武井壮になった気分だった。武井壮が野生動物との戦い方をイメトレするのはあくまでタレントのテレビ用のネタだと思っていた。けれど人間は、野生動物の脅威にさらされると、自然と戦い方をイメトレするようにできているらしい。

数日後、そいつの正体がわかった。アメリカンビーバーだった。

そいつは、丸くて茶色いカニクリームコロッケみたいな体をしていた。川岸に行儀よく座って、両手で餌を口に運んでいる。足の間からだらりと垂れた太いヒレは、何だかフンドシみたい見える。体の毛はフサフサだけど、ヒレだけは鱗みたいなのが並んでいる。かなりアンバランスな見た目の生き物だけど、顔はよく見てみると間抜けヅラ。全く強そうには見えない。旅の不安が一つ、解消された。

ところで、アメリカのシンボルは、ハゲ呼ばわりされている。しかしそれは決して、元大統領を指しているのではない。

硬貨や紙幣に描かれている国章は、ハクトウワシ。英語ではBald Eagle、つまり直訳するとハゲたワシ。アフリカのサバンナにいるハゲワシとは関係ないけれど、頭だけ真っ白なのでハゲ呼ばわりされているらしい。

ハクトウワシはとにかく体が大きくて、木のてっぺんに止まっていても姿がはっきり見える。川の上をぐるぐる旋回して、急降下したと思ったら、ビチビチ跳ねる魚を両足で捕まえて飛び去っていった。弱肉強食を示す力強い姿は少し残酷でもあって、まさにアメリカを象徴しているように思う。

生態系の豊かさは、こういう大きな肉食の動物の存在に現れるらしい。大きな肉食の動物が野生で暮らしていけるということは、その食物連鎖のピラミッドを支えるのに十分な下層の生き物が地域に生息しているということ。ミズーリ川には、ハクトウワシ以外にも、肉食動物が多数生息していた。

例えば、ミサゴと呼ばれる鷹の一種。ハクトウワシより一回り小さいけれど、立派な肉食の猛禽類。

そして夜には、コヨーテの遠吠えが甲高い不気味な音を響かせている。

それから、ペリカン。動物園では見たことがあっても、まさか野生のペリカンと遭遇する日が来るなんて思ってもいなかったから、初めて見た時は一体何の生き物なのかわからなかった。けれどあの白い体と、黒い風切羽根、そして喉元が膨れた黄色いくちばしは、私が想像するペリカンそのまんまだった。

川岸に野生の七面鳥を見ることもある。

アメリカのお祝いの定番料理といえば、七面鳥の丸焼き。だけど野生の七面鳥はなかなかアグレッシブな性格。ある時、野生の七面鳥なんて珍しいな、と思いながらそばを通り過ぎようとしたら、いきなり私めがけて飛んできた。ずんぐりむっくりの重たい体で飛ぶために、七面鳥は翼をハチャメチャにばたつかせて宙に浮く。必死の形相だった。

バードウォッチングなんて、地味で退屈な趣味の極みだと思っていたけれど、考えを改めた方が良い。時と場合によっては、なかなかにスリリングだ。

地味で退屈だともっぱら囁《ささや》かれていたネブラスカの野生は、実際には退屈とは正反対の豊かさだった。

5 カンザスシティと野宿の手引き

いくつ川の曲がり角を越えても、見渡す限りずっと同じ色の森が続いていたミズーリ川に突然、高層ビルが何本も生えているのが見えてきた。久しぶりの近代的な建物のシルエットに、「思えばずいぶん遠くまで来たものだ」と達成感がこみ上げてくる。私はついにネブラスカ州を抜けて、カンザス州までやって来た。

だけどしばらく野生で暮らしていた私を拒絶するみたいに、カンザスシティの大都会はカヤッカーを寄せ付けない作りになっていた。普通、カヤックで町に上陸する時は、砂浜や船着き場を使うのだけど、カンザスシティではそれらは全て町の外れに追いやられていた。町の中心部の川岸は高いコンクリートの堤防が要塞みたいにそそり立っていて、上陸できる隙がなかった。

ミズーリ川は歴史上、洪水が起こる度に川幅を広げて、あちこちを沼地のように侵食してきた。その昔、カンザスシティが工場地帯として栄えていた頃にも甚大な被害があり、今は鉄壁の堤防が築かれている。

このまま川にただ流されていたら、町を通り過ぎてしまう。焦りながらコンクリートの壁に目を凝らすと、1本だけ細い階段がかかっているのを見つけた。

カヤックを横付けすると、階段の上の方から声が聞こえてきた。人が数人下りてきて、バケツリレー式に荷物運びを手伝ってくれた。彼らは矢継ぎ早に質問を浴びせてくる。

「どこから来たの?」と聞かれれば、私は「あっちさ」と上流を指差して。

「どこへ行くの?」と聞かれれば、私は「こっちさ」と下流を指差した。

私は気の向くまま旅をするスナフキンのように答えた。

もし私が「メキシコ湾まで向かうところです」と答えたって、どうせ誰もまともに取り合ってくれない。だから目的地を聞かれても曖昧《あいまい》にはぐらかすことに決めている。

私は東京生まれの東京育ちで、生粋の都会っ子。だけど久しぶりに川を出て町中へ入ると、何だか自分だけ周囲の人間から浮いているような気がして、不安になる。何と言ってももう10日は風呂なし生活を送っている。服は汚らしくないだろうか。体は汗臭くないだろうか。そういえば、髪の毛もボサボサのはず。一人で川に浮かんでいる時は気にならなかったような細かいことが、町に入った途端、問題に思えてくる。

川の真ん中で野生に囲まれた一人旅は、寂しくない。珍しい動物や植物を観察するので頭がいっぱいになるし、気がついたらカヤックの中にカエルが入り込んでいたりする。無賃乗車のカエルだ。知らずにカヤックを漕いでいて、いきなり足にヒンヤリしたものが触れたから驚いた。捕まえようとしても、カヤックの先端まで入り込んでしまって、なかなか捕まえられない。一晩経っても出てこなくて、結局そのカエルとは2日間も旅路をともにした。

反対に、一人旅で都会に行って人に囲まれると、むしろ孤独感が増してくる。人に囲まれて改めて、自分が社会に溶け込めていないことを認識してしまうから。

カンザスシティの市内をバスが走っていたので、私はそれに乗ってスーパーまで買い出しへ出かけることにした。アメリカの地方都市を走るバスには、独特の雰囲気がある。車社会アメリカでは、通勤も買い物も、車がないと何もできない。バスに乗るのは、何らかの理由で車が所有できない人たちばかりだから、どこか社会から外れたみたいな風貌の人ばかりが乗っている。もちろん、私も人のことは言えない。町の幹線道路沿いを歩いていたら、すれ違いざまにトラックの運転席から、こんな声をかけられた。「God Loves You!!」。それはつまり、神はあなたを愛している、頑張って、という励ましの言葉。私は神に見捨てられたと人生を嘆いても仕方ないくらい、見窄《みすぼ》らしい姿をしていたらしい。

野菜コーナーで、お値打ち品と札が垂れていた芽キャベツを買う。どのスーパーに行っても芽キャベツがやけに安いので、こればかり買っている。芽キャベツ入り袋麺、芽キャベツ入りパスタ、芽キャベツのベーコン炒め。毎日続く芽キャベツ生活にだんだんうんざりしてくる。だけど大都会の野菜は強めの価格設定なものも多く、ふと手を伸ばしかけたアスパラガスが1袋1000円で戦慄した。

旅人にとって、都会は困難の連続になる。

例えば、野宿スポットを探す時。今までみたいに、森に囲まれた大河の途中、適当に浜を見つけてキャンプをするのとはワケが違う。町の中で寝るなんて、追い剥ぎの格好の餌食だし、公園だって夜中になれば追い出される。お国柄、誰かが銃を持っている可能性だってある。安全な野宿スポットは町の中ではなかなか見つからない。やっと植え込みの下に安眠できそうな空間を見つけて覗き込んでみたら、薄い毛布や散らかった衣類など、先住者の痕跡が残っていた。野宿者の考えることはみんなだいたい同じらしい。トラブルを避けるため、人の痕跡が残っている場所では私は寝ないと決めている。モーテルとか安宿を取るのは簡単だけど、10日間のゲリラキャンプ生活を経験した後では、ただ寝るだけの場所にお金をかけるのが馬鹿馬鹿しくなっていた。

上陸した時に上った階段の途中に、2畳くらいの剥き出しの平たいコンクリートの空間があったことを思い出した。その場所は堤防の中腹にあるのに、手すりがあまりしっかりしていないので、寝相が悪ければ下の川に転落してしまうような、そんな緊張感のあるロケーションだった。だけど位置的には、堤防の上にある公園から川を覗き込んだ時にちょうど死角になる場所にあった。ここなら誰にも邪魔されまい。私はそこで寝袋にくるまることにした。

突然、「すげえ、こんなところに階段がある！」と声を上げながら、公園の柵を乗り越えて元気な高校生くらいの男の子が侵入してきた。「すげえ、すげえ」なんて言いながら、一段、また一段と階段を下りて来て、ついに私の横を通り過ぎた。バレたかな、なんてドキドキしつつ息を潜めてジッとしていたのだけど、どういうワケだか彼は私のいる方だけは振り返らなかった。かなりキョロキョロあたりを見回しながら下りて行ったのに。彼には探検の才能がないのかもしれない。

私の寝床の左右には、大きな橋がかかっていた。1本は車が通るため。もう1本は貨物列車が通るため。何十両もある貨物列車が、ガタゴト音を鳴らすのを子守唄がわりにウトウトしていると、今度は子供の声で目が覚めた。「パパ、あそこにカヤックがあるよ！」。夜に懐中電灯を照らしながら散歩していた奇妙な親子が、私のカヤックのお尻が階段の端に出ているのを視界に捉えたらしい。子供は本当に、大人が気がつかないような小さなことに気がつく天才だと思う。

「いやいや、そんなところにカヤックがあるワケないでしょ……って本当だ！」。

子供よりも興奮した様子で、お父さんが柵を越えてやって来た。懐中電灯の明かりがそろりそろりと近づいて来る。それがちょうど真横に来たあたりで、「ゴホンッ」と咳払いをしてみた。お父さんのB級ホラー映画みたいな絶叫がこだました。こんな堤防の途中に人が寝ているなんて、全くの予想外だったらしい。私のことを可哀想なホームレスだと認識したお父さんは、「God bless you.(神のご加護を)」とだけ言い残すと、足早に退散して行った。

私の睡眠を邪魔するのは人間ばかりではなかった。ようやく公園の人通りが途絶えた頃、頭上から大音量のアラーム音が聞こえてきた。始めは、ピッピッピッと携帯のアラームみたいな音。その次はギュインギュインと映画のロボットが動くみたいな音。どこで覚えたのか、機械的な声を代わる代わる披露して鳴き続ける鳥が、私の寝ている真上に止まっていた。30分は鳴き続けていたと思う。

朝起きると、寝袋の上に鳥のフンが落ちていた。バードミサイル被弾の証。人目を避けてやっとのことで野宿しても、この仕打ち。都会は疲れるので、私は早々に川に戻ることにした。

6 ワイルドカヌー四人衆

日本社会にはルールやマナーやら、「こう生きなきゃいけない」という縛りが多い。それは時に窮屈ではあるけれど、反面、その決められた枠組みの中で生きる分にはほとんど苦労がなくて、楽ちんだと思う。

一方、アウトドアの遊びには、基本的にルールがない。自然を破壊したり迷惑をかけるような行為でなければ、何をしても自由。だけど、「こう遊びなさい」と示されているワケじゃないから、自由すぎて、逆に何をしたら良いのかわからない。アウトドアの遊びに敷居の高さのようなものを感じることがあるのは、そのせいだと思う。

以前、冬のロッキー山脈でハイキングをした時に驚いたことがある。ホッケーのスティックとスケート靴を持って、山を登っている人がいたのだ。聞けば、山の途中に凍った湖があって、そこでアイスホッケーをするつもりらしい。服装は、タンクトップと短パンだった。それだけじゃない。後ろの方には、普通のスニーカーを履いて、手にはストック代わりに木の枝を手に持った若者の姿が数名あった。登山を知らない無謀な初心者ばかりかと思いきや、今度は、ロープとピッケルを使って凍った滝をアイスクライミングする二人組に遭遇した。向こうの方からは、軽アイゼンのついたトレランシューズで颯爽と走ってくるお姉さんの姿が見える。全員、同じハイキングルート沿いで出会った人たちである。みんながそれぞれ、自分のやり方で山遊びに興じていた。

川遊びの場合は、またさらに型をぶち破った遊び方をする自由人がいる。

カンザスシティを発ってしばらく漕ぐと、遠くの方に4隻の小さな舟を見つけた。カヌーの集団だった。この旅に出発してから初めて、川で手漕ぎの舟を見た。

カンザスシティでは年に一度、とんでもないカヌーレースが開かれる。それはカンザスシティを流れるミズーリ川がミシシッピ川に合流するセントルイスまでの約340マイル（約550キロ）を、人力の舟で下るMR340というレース。距離もさることながら、85時間の制限時間付きと、かなり厳しいレースになっている。今回遭遇した4隻のカヌー集団は、このコースを10日くらいかけて、キャンプを楽しみながらのんびり下る挑戦をしているらしい。面白そうなので、私もしばらく彼らとキャンプをともにしてみることにした。

4人の隊の指揮をとっているのは、グループ最年少のお姉さん。髪の毛は白人ヒッピーの象徴、ドレッドヘアー。タンクトップからは腋毛をのぞかせて、グラマンのアルミカヌーを漕いでぐんぐん進んでいく。グラマンといえば航空機メーカーだけど、お姉さんの仕事は小型機のパイロットらしくて、普段操縦する飛行機もグラマン製らしい。カヌーをコンコンと叩いた時の音が、飛行機を叩いた時の音と同じだと、そう言っていた。彼女の姿を一目見て、私は心の中で彼女のことをワイルドお姉さんと呼ぶことに決めた。

彼らはエキセントリックな四人組だった。

ダヴィはワイルドお姉さんの兄で、幼児用の、柔らかいストローが刺さったプラスチック製の小さな水筒を手に持っている。中身はリンゴジュースの色をしているけれど、ウイスキーが入っている。彼はそれをチューチュー吸いながらカヌーを漕ぐ。

ジョーは長く蓄えたヒゲにテンガロンハットが似合うおじいちゃん。ウイノナカヌーにクーラーボックスを積んで、ビールをしきりに勧めてくれるナイスガイ。そしてグループの中で唯一のカヤック乗りが、ペン。彼の毎朝の日課は紙巻きタバコを自分で巻くこと。アメリカで普通にタバコを買うと高いから、こうやって節約する人は珍しくない。

4人で4張りもテントがあると、私が普段テントを張っているような川岸の小さな砂浜では窮屈になる。だから彼らは、上陸したらまず茂みの中を探検して、林の木に囲まれた平らで広く開けた場所にキャンプ地を設営するのが毎日のルーティン。

キャンプ設営は家作りと同じらしい。テントが各々の自室なら、焚き火はみんなが集まるリビングの役割を果たす。キャンプ中の時間のほとんどを、全員で焚き火を囲んで過ごすため、焚き火を中心に円を描くようにテントを設営する。「焚き火は、煮炊きをして暖まるだけの場所じゃない。旅人が語らうための場所なんだ。川下りのスピリットは、焚き火を通して育まれるのだ」と、彼らは言う。

この日は朝からしとしと雨が降っていた。こんな時、アメリカ人は濡れた薪でどうやって焚き火をするのだろう。すると、ジョーがおもむろに取り出したのは、大きなガスボンベをくっつけたバーナー。水道管の修理なんかに使うような立派なバーナーを、工務店で買ってきたらしい。ゴーッと大きな音を立てながら、適当に寄せ集めた枝を燃やすと、1分もしないでバチバチと火柱が立った。反則かもしれないが、実に合理的だった。

ジョーのキャンプスタイルは実に合理的で、快適だった。というのも、例えば登山の場合は自分で背負って歩ける重さの限界があるから、いかに荷物の無駄を省くかが勝負になってくる。だけど、カヌーの場合なら、目安として16フィート(約5メートル)のカヌーで400キロくらい積める。カヌー旅の魅力は、いかに荷物の無駄を減らすかではなく、いかにキャンプ生活を快適にするかを優先して装備を選ぶことができる点にある。ジョーはバーナーのほかにも、背もたれのついた椅子やテーブルなどなど、カヤックの私が持って行くことはないような大型のキャンプ用品を積んでいた。登山のキャンプとカヌーのキャンプは、全く別物だと知った。

しかし、あれこれ文明的なキャンプ道具を使うことが許される環境でもなお、彼らの生活スタイルはワイルドだった。

まず、私以外は誰一人としてサンダルを履かず、裸足だった。足の裏に泥がついた時も、ベタベタする木の実を踏んだ時も、それでも彼らは靴を履かずに裸足を貫いた。

せっかくジョーがテーブルを持って来てくれているのに、玉ねぎなど野菜類は地面に丸太を置いてまな板代わりにして切る。

食事は大股開きで地面に座り、焼きたての肉汁弾けるソーセージを手づかみで食べた。

鍋に油を引く時は、地面に置いた鍋に向かって、立ったまま油を垂らす。昔、朝の情報番組で見た速水もこみちの某料理コーナーをはるかに凌ぐ落差だった。

4人の中でも特に、ワイルドお姉さんは群を抜くワイルドさだった。みんなが

「One last civilization（最後の近代文明）」と言ってトイレットペーパーを持参する中、お姉さんだけは「Miles of toilet paper（無限のトイレットペーパー）」と言って川を指差すのだった。

「日本は窮屈だから、海外へ行こう」、「自分は日本だとちょっと変わり者扱いされるけど、海外なら溶け込めるかもしれない」、「多様性を認める海外ならきっと、居場所がある」。そう思って海外移住を目指す人は多いけれど、そこには少しだけ落とし穴がある。

本当に変な人は、どこの国に行っても変人である。国は違えど、所詮人間。社会性動物である。変な人は誰が見てもやっぱり変なので、周りから浮いてしまう。ただ一つ海外にいて幸いなのは、類は友を呼ぶのか、多種多様な変人のニオイがする人にたくさん遭遇することができる。普段は、周囲に溶け込もうと必死の人も、旅をしている時は、他人と違うことを恐れなくて良い。そうやって、変な人同士が引きつけあって生まれる出会いこそが、旅の醍醐味だと私は思う。

よくよく話を聞くと、ワイルドお姉さんのワイルドさは、彼女が育った3兄弟の長男の影響を受けているらしい。そのお兄さんは、アマゾン川でゴミを集めて自作の舟を作り、年単位の時間をかけて川を下ったことがあるらしい。旅の途中、麻薬の密売人と疑われて、警察に自動小銃を向けられて拘束されたり。ハイキングの途中、暑いので全裸になって歩いていたら、崖の下の観光バスの人たちに先住民と間違われて、たくさん写真を撮られたり。とにかくハチャメチャな男だったらしい。

ぜひ彼に会ってみたい。だけど彼は、テキサスの実家近くで航空事故にあって亡くなったという。

ワイルドお姉さんはそんな兄の背中に感化され、カヌーを始めたらしい。お姉さんはこのまま川をメキシコ湾の手前まで下り、その後はテキサスを目指して西へ航路を切るという。お兄さんの飛行機が墜落したそばの湖が、彼女の旅のゴールだ。川下りは、お遍路に似ているかもしれない。旅人一人一人みんなドラマを抱えている。

7 穴あきカヤック

カヤックで旅をしていて怖いことは、二つある。

一つ目は、カヤックを紛失すること。

川は一晩でかなり増水することがある。川岸のなるべく高いところにテントを設営したのに、朝起きたら周りが全て大きな水たまりに沈んでいたりする。寝ている間にカヤックが流されてしまわないように、寝る前にはいつも、カヤックをロープで木に結ぶ。もし木がなければ、テントに結ぶ。そうすれば、万が一寝ている間にカヤックが流されそうになっても、テントごと動くので飛び起きることができる。面倒臭くても、上陸する度に必ずカヤックは高い安全地帯まで運ぶ。一旦荷物を全て出さないと運べないので手間だったけれど、慣れれば3往復で全て運べるようになる。

カヤック旅で怖いことの二つ目は、カヤックが壊れること。

これは、カヤックに限らず、自転車でもバイクでも車でもそうだけど、長旅の時は大抵乗り物がどこかしら一回は壊れる。乗り物が壊れて乗れなくなったら、ジ・エンド。そこで旅は終わってしまう。乗り物のメンテナンス問題は、長旅に必ずつきまとう一番の困りごとと言っていい。

特に、フォールディグカヤックの場合は外側が布でできているから、簡単に穴が開いてしまいそうで怖い。

毎日気をつけてはいたが、ついにフォールディングカヤックの底に穴が開いた。レキシントンの船着場に落ちていたガラス片で舟底を傷つけてしまったらしい。ポンプで抜けども抜けども中に水が入ってくる。

意外かもしれないけれど、フォールディングカヤックのトラブルは、沖じゃなくて、浅瀬で起きることが多い。浅瀬では、ちょっとした波にもまれた拍子に岩に激突したり、バランスを崩したり、かえって事故が起こりやすい。そして今回みたいに、上陸して舟を地面まで引っ張り上げた拍子に、舟底を傷つけてしまうのはもう不可抗力に近い。

穴が開いたカヤックは、一度陸に上げて乾かして、自転車のパンク修理みたいにパッチを接着して修理する。

そうやって作業する私を見て、みんなが言った。私のカヤックは、とある古いアメリカのアニメに出てくるネズミのものと一緒だと。

その小さなネズミは、たくさんの葉っぱを縫い付けて舟を作り、航海するらしい。周りのネズミたちは、そんな脆《もろ》い舟はヤメておけと引き止めるのだけど、当の本人は、「葉っぱならそこら中で手に入る。壊れたら修理すれば良いのさ！」と前向きに答える。フォールディングカヤックのボディの薄い船体布一枚を頼りに川に浮かぶ私は、そのアニメのネズミと同じくらい頼りないのだと、みんなはそう言いたいようだった。

だけど、旅先で壊れて自力で直せない舟よりは、こうやって多少のことなら簡単に直せるフォールディングカヤックの方が、私は良いと思う。

焚き火を囲んで、アメリカ式の川下りの流儀をワイルドお姉さんに習う。まず、焚き火と川下りはセットなので、焚き火ができない人は本当の川下りの旅人とは言えない。

焚き火をする時は、燃えそうな枝をどんどん拾って燃やしていくこと。そして、火を絶やさないために、必ず自分で燃やした分と同じだけの薪を拾って準備しておくこと。

ただし、焚き火には最後まで絶対燃やしてはいけない枝が2種類あって、それはマロスティックとポーキースティックと呼ばれている。

まず、マロスティックとは、マシュマロを焼くための枝のこと。そしてポーキースティックは、焚き火に使う火かき棒のこと。立派な薪をつついても折れないように、丈夫で真っ直ぐで、あまりカラカラに乾いていないものが選ばれる。そうしないと、火をつついているうちにどんどん燃えてしまうから。

マロスティックとポーキースティックは、それぞれ選んだ人のこだわりが詰まった神聖な枝だから、最後まで絶対に燃やしてはいけない。もし他人が見繕ったものを勝手に薪として投入してしまったら最悪だ。似たような枝を持ってきても、すぐにバレて非難轟々浴びることになる。

焚き火で料理をする時は、鉄でできた丈夫な網目状の板を炎の上に設置する。ソーセージなどは網の上にそのまま置いて、焼き目をつけながら焼くと、美味しい。皮が網にくっついて剥けてしまうこともあるけれど、焚き火料理を楽しむには、多少のコゲや失敗を気にしないのがコツだ。そして、みんなで一緒に食べること。焚き火飯は、豪快じゃないと、美味しくない。

朝食は、焚き火の上に大きな鉄のスキレットを乗せて料理する。スクランブルエッグは、スーパーで売ってる紙パックに入った卵液を使えば、卵が割れる心配がない。

焚き火でも一応、火加減の調整はできる。火を強めたい時は、薪を差し込んで。火が強くなりすぎたら、ポーキースティックを使って炎の中の薪を引き抜く。

パンケーキを焼く時は、出来立てを食べながら次の1枚を焼くのが理想だけど、焼いている間は火加減も管理しないといけないので、かなりせわしない。先に焼き上がったパンケーキを食べることに一旦集中するため、最後の1枚は焚き火を弱火ギリギリまで落として焼いた。しかし、火加減を落としすぎたのか、待てど暮らせど一向に焼き上がらない。待ちすぎて表面がカピカピに乾いてきた。ひっくり返して両面しっかり火を通したら、スコーンのようなモサモサした食感の食べ物ができた。私たちはこれをレガシーパンケーキと名付けた。負の遺産だけど、みんな仲良しなので、平等に分配して食べた。

川下りをしていると、聞き慣れない英単語がたくさん出てくる。

例えば、エンジェルキッスという現象。川下りの旅の危険は、いつも身近なところに潜んでいて、穏やかな水面が突然、ゾゾゾーッ！と音を立てて渦を巻くことがミズーリ川ではよくある。水中に向かって引っ張るような、あるいは外に向かってボコッと吹き出すような、どっちとも言えない派手な渦が、カヤックを漕いでいる側で急に発生する。

気まぐれな水の天使のいたずら、ということで、ミズーリ川の渦はエンジェルキッスと呼ばれている。

ジョーのカヌーも、このエンジェルキッスの餌食になった。転覆したカヌーをほかのメンバーの船で全方向から囲い、幸い荷物を一つも流出させることなく再乗艇できた。私のカヤックも、甲板に乗せている細かい荷物は全て細いロープとつながっていて、転覆時に荷物を流出させないようにしている。とはいえ、一人の時にエンジェルキッスに飲まれたらと想像すると、不安になる。

ところで、川下りの旅にはもう一つ、エンジェルとつく大事な英単語がある。それは「リバーエンジェル」。川岸の住人で、私たちのように川を下る旅人に寝床や食事を提供してくれる優しい人のことをそう呼ぶらしい。

アメリカの川下りの旅は、リバーエンジェルに導かれながら進むのが本当の姿なのだとワイルドお姉さんは言った。

特に、ミズーリ川の終わり、ミシシッピ川との合流地点にあるセントルイスという町には、名物エンジェルがいるらしい。名前をマディ・マイク氏と言う。セントルイスに着いたらマディ氏を訪ねるべきだと、しきりに勧めてきた。

でも私は、あえてマディ氏の連絡先を聞かないまま、ワイルド四人衆と離れて一人旅を再開することにした。だって私は、もともと一人旅をするつもりで旅に出たんだから。誰かと川の途中で会う約束をしたりするのも億劫だし、先のことなんて何も考えずにただボーッと川を下りたかった。

川下りの旅では、こうしてのんびり川面をながめる時間がたっぷりある

ミズーリ川にはペリカンたちの姿も。
群れになって浮かんでいることもあった

8 マイアミの人口は170人

アメリカに来る前、私が想像した景色といえばニューヨークやカリフォルニアの大都会。だけど実際に住んでわかった。アメリカの大部分は田舎だ。

例えば、マイアミ。実は、フロリダ州じゃなくてミズーリ州にもマイアミという町がある。その人口は、何とたったの170人。ここに来るまで言葉を交わした人たちはみんな、ミズーリのマイアミはフロリダのマイアミと違って何もないつまらない町だから、行くだけ無駄だと私に忠告した。それでもやっぱり、名前は憧れの大都会、マイアミ。ネブラスカのド田舎で暮らしていた私にとって、マイアミという都会的な響きはそれだけで興奮を煽るものだった。

この日は上流で連日発生していた雷雨の影響で、ミズーリ川の水位はかなり高く、あちこちの町で道路が冠水して、水の上をピックアップトラックが走っているような状況だった。

初夏のミズーリ川は、雨がよく降る。大抵いつも曇っていて、ジメジメしてる。どんよりした空を背景にすると、どこの町も寂しげな雰囲気に見える。幸い、マイアミの町は高台にあって被害を免れていたものの、川岸の船着き場は完全に川の底に沈んでいた。何とか目印らしい丸太の柱を見つけて、上陸した。気をつけて探さないと通り過ぎてしまうくらい、ミズーリのマイアミは影が薄かった。

船着き場の小さな丘の上に、車いすマークのバリアフリートイレがあったけれど、川の増水の影響で、周囲360度を川の水に囲まれていて、陸の孤島になっていた。船がないとトイレに行けない、そんなバリアだらけのバリアフリートイレだったが、カヤックで移動している私には関係ない。

フロリダ州のマイアミにあってミズーリ州のマイアミにないものを挙げたらキリがない。例えば、携帯電話の電波。今まで川の上でもバッチリ使えていたのに、マイアミに上陸した途端、携帯の電波が入らなくなった。

そんなマイアミにも一応、観光スポットはある。それは、メインストリート沿いにある歴史資料ミュージアム。メインストリートといっても、その長さは400

メートル弱しかない細い道路だった。そのミュージアムは民家の物置みたいに小さくて白い小屋で、グーグルマップ上ではその住所には建物すら建っていないことになっている。幻のミュージアムだった。入り口のドアに書いてある営業時間は「By Chance（運が良かったら開いてます）」。ご用の方はこちらまで、というメッセージ付きで電話番号が書いてあるけれど、電波が入らないのに一体どうやって電話しろと言うのだろう。中が気になるが、諦めた。

ミズーリ川のほとりには、マイアミをはじめたくさん過疎の町がある。例えば、ミズーリシティ。州の名前が付いているからって、必ずしも大きな都市だとは限らない。ニューヨーク州のニューヨークシティの人口は840万人とされるが、それに対してミズーリ州のミズーリシティの人口はたったの290人。川沿いの林の切れ目にレンガ造りの建物を数軒見ただけで、車の音も人の話し声も何も聞こえない。とにかく静かな街だった。

ネブラスカ州のネブラスカシティに関しては、人口7275人と比較的栄えている。だけど、人口1万人以下は日本だったら市町村合併の対象になるレベル。一体、過疎の町の人はどんな産業で生きているのだろう。疑問に思って、ネブラスカシティの船着き場でたむろしていた三人組のお兄さんたちに話しかけてみた。曰く、3人とも食肉工場で働いているらしい。

ネブラスカ州は海がないから食文化は肉一辺倒で、例えば動物学の解剖実習で哺乳類を平気な顔で解剖している子が、魚の解剖になった途端、「気持ち悪い」と言って嫌な顔をする。それくらいネブラスカ州の人は魚を食べない傾向が強い。だけど、そんな魚嫌いなネブラスカ州の人の中でも、ネブラスカシティの人たちは違っていて、川で釣った魚を晩のおかずにするべく、船着き場にたくさん釣り人が並んでいた。

日が暮れる頃、さっきまで釣りをしていた少年が、大きな魚をバケツに入れて持ってきた。私にプレゼントするために釣ってきてくれたらしい。だけど、私は、東京生まれ東京育ちの生粋の都会っ子。生きている魚なんて、今までほとんど掴んだことがないし、ましてやメたこともない。バケツに手を突っ込んで、暴れる魚と悪戦苦闘する私を見て、少年が手元を懐中電灯で照らしてくれた。でも違う、私が魚を摑めないのは、暗いからじゃない。今まで金魚より大きな魚を掴んだことがないのだ。だけど、そんな恥ずかしいことは悟られたくない。私は一思いにエラのあたりに指を差し込んで、ようやく魚を掴むことに成功した。

私は、魚の捌き方も知らない。十徳ナイフを使って捌こうとしたけれど、切れ味が悪くて全く使い物にならない。魚の表面を滑るばかりで、全く歯が立たない。代わりにハサミを使うことにした。刃を開いて、魚の胴体に擦り付けて、鱗を落とす。それから、肛門のあたりから刃を差し込んで腹を割いて、内臓を取り出した。そうして何とか、身を食べやすい大きさに捌くことができた。

ハサミは、アウトドアらしからぬ可愛いピンク色をした子供の工作用のハサミ。そんな物を片手に、暗くなりかけた川岸に一人しゃがみこみ、魚の内蔵で川を赤く染めている私は、客観的に見ればサイコパスっぽい気もする。けれど私はただ、魚が食べたい一心だった。

もらった魚が何という魚なのかは、知らない。だけど少年は、美味しいと言っていた。美味しいと言われれば、食べてみたくなる。川魚の寄生虫は、当たると辛いと聞く。しっかり加熱した方が良さそうだ。20分くらい、煮詰めることにする。ミズーリ川で初めて食べる魚料理は、やっぱり和風が良い。シンプルに砂糖と醤油で味付けする。煮汁がトロトロになって照りが出るまで煮詰めるつもりが、いつのまにか鍋が干上がっていた。鍋から出る湯気の匂いが、和食の匂いから焦げた魚の匂いに変わっている。慌てて蓋を開けて中身を確認する。魚から浸み出した脂のおかげで、何とか鍋にはこびりつかずに済んだ。奇跡だった。

魚は淡白な白身魚に見えて、案外脂が乗っていた。しかも、臭みもない。口の中で、身がホロホロ崩れていく。砂糖醤油の濃い味付けは、汗をかいた体にちょうど良い。欲を言えば、米が欲しい。魚を捌くのに必死で米を炊き忘れたのが悔やまれる。煮魚をご飯の上に乗せてかき込みたい。

少年は2匹も魚をくれたので、余った方は翌朝、スープにした。味付けは、塩だけ。普段お肉に偏ったアメリカの食生活では、魚の出汁の匂いは貴重で、それだけで贅沢に感じる。食べ切れなかった身は、ほぐして炒めて水分を飛ばして、パンに挟んで昼食用のフィッシュサンドを作った。ツナサンドが美味しいんだから、川魚サンドも悪くない。かなり、イケる。やっぱり私は、肉より魚派だ。

しかし残念ながら、私は釣りができない。川で釣りをするには、州が発行する許可証が必要になる。ミズーリ川及びミシシッピ川は州境に沿って流れている川で釣りをする場合は、川の両隣の州からそれぞれ許可証をもらう決まりになっている。ネブラスカからメキシコ湾まで川を下るには10州を通過するので、全ての州で許可証をもらったら、下手したら5万円くらいかかる計算になる。それに、そもそもの問題、私には釣りのスキルがない。

それでも魚が食べたい私は、釣りスキルの代わりに、釣り人から魚を分けてもらうコツを会得した。釣り人を見たら、まず、「釣れてるー?」と話しかける。次いで、「どんな魚が釣れるのー?」と聞く。こうすると、みんな得意げに釣果を教えてくれて、最後には魚を1匹分けてくれる。

こちらから話かけずとも、向こうの方から小さな釣り船が接近してきて、「魚いるかー?」と声をかけてくれることも少なくない。

おかげで釣りができなくても、川魚の調達には困らなかった。

9 セントルイス

アウトドアの場面では、女性は男性と比べてトイレ問題がシビアになる。

ふと横に目をやると、川に浮かぶたくさんの漂流物が一つの塊になって、洗濯機みたいにグルグル回っている。釘が刺さったような木の板も見える。もしあんな渦の中に巻き込まれたら、カヤックに穴が開いてしまう。何とか渦に巻き込まれまいと必死に漕ぐ。だけどそんな時でさえ、尿意は確実にやって来る。

漂流物が多いのは川が増水している証拠。普段ならサラサラの砂浜も、みんな水没している。砂浜のように見える場所も水を含んで液状化していて、足を置いた途端どんどん飲み込まれていく。普段なら一旦上陸してから用を足すけれど、川が増水している日はそうもいかない。カヤックに乗ったまま膝立ちになって、空き瓶に用を足すしかない。けれどこれはバランス感覚とコツがいる。

そんな時、太い丸太がどういうワケだか川の途中で完全に静止してプカプカ浮かんでいるのを見つけた。それは川の曲がり角の内側の窪んだところにあって、水の流れが滞留している場所だった。きっと上手いことそこに流れ着いて、何かに引っかかって止まっているんだと思う。

あの丸太の上なら、降り立てる気がした。早速カヤックを横付けして、慎重に丸太に乗り移り、お尻を水面に突き出した。そして、そのままお尻を水面まで下げてみる。流れる川の水を利用して、爽快な天然洗浄。と思ったら、案の定、足元の丸太がクルッと回転した。私は、転落するまいと必死で丸太にしがみついた。お尻丸出しの状態だった。

川に浮かんでいる時は、人目を気にせず、非文明的な生活様式に順応した。そんな私も、一度町に上陸すれば、普通の人と同じように観光する。贅沢して、顎が外れそうなくらい大きい名物チーズバーガーを食べに行ったり。3段重ねのアイスクリームを、溶ける速さと競争するように口に運んで。おしゃれな雑貨屋さんに入って可愛い小物を物色したりする。店員さんは、こんな私に対しても案外普通に接客してくれるので、嬉しかった。多少汗ばんだ見た目をしていても、まさか家なしの野営生活者だとは誰も思っていないはず。私が普通の観光客と違うのは、一日の最後にこっそりテントが張れる場所を探すという点だけ。町外れに寂れた森林公園を見つけて、ここなら野宿できそうかもと思い、探索してみる。すると、大きなカヌーを囲んでいる集団を見つけた。1人の人物を囲んで、みんな熱心に話を聞いている。どうやらツアーの一行らしい。

遠くで眺めていると、あることに気がついた。カヌーの脇に止められたトラックに「マディ」と書いてある。まさかと思った。でも、まさかと思いつつ、一瞬で確信した。これは、ワイルドお姉さんが言っていた噂のリバーエンジェル、マディ・マイク氏が率いるツアーに違いない。

「Are you Muddy Mike?」

「Yes, I am」

ビンゴだった。

「メキシコ湾まで下ってみようかと思っているのですが……」と言うと、「おお、じゃあ実行の計画が立ったら是非連絡してくれ！」と返された。

私の格好を見て、ただ水遊びに来た通りすがりの観光客だと思ったらしい。私は、動物柄のTシャツにオレンジ色の半ズボンを履いていて、小学生みたいな格好をしている。長旅をするには確かに、頼りない見た目。たった今、現在進行形で、メキシコ湾に向かって漕いでいるのだと言い直すと、マディ氏はまさかと言わんばかりに目を剥いた。

この出会いをマディ氏はセレンディピティだと言った。この出会いは、きっと起こるべくして起こった偶然なのだと。私はマディ氏に誘われて、ツアーの人と少しだけ川下りをともにすることになった。そして後日、また日を改めてマディ氏の自宅があるミズーリ州のセントルイスの浜で合流する約束をした。

セントルイスとはミズーリ川がミシシッピ川に合流する町で、コンフルエンスと呼ばれている。セントルイスに合流する手前、ミズーリ州の州都ジェファソンシティのキャンプ場で、「セントルイスまであと158マイル(約255キロ)」の看板を見た。これなら5日もあれば到着する。もう余裕じゃないか。そう思っていたところ、男性二人組がやって来て、こう尋ねた。「チェーンオブロックはどうやって越えるつもりなの？」。私は、彼らが一体何のことを言っているのか、全くわからなかった。私はただグーグルマップを見て、川がメキシコ湾までつながっていることだけを確認して出発したのだ。そう答えると、2人は呆れたなあ、といった顔で説明してくれた。

ミズーリ川がミシシッピ川に合流して、セントルイスの町が見えてきた頃、大きな橋の下に難所がある。その難所はチェーンオブロックと言われている。名前の通り、川底に岩が並んでいて、川の水の流れが押し上げられることで、波が立ち、まさに急流下りのような激しい難所になっている。

そしておじさんは、携帯の画面で専用のカヤックでサーフィンみたいな波に乗っている人の写真を見せてくれた。もし波を越えられても、水深が浅くて、岩があちこち剥き出しになっているので、大変危険だという。「君はportageすると良いよ！」。舟を陸に上げて輸送することをportageと言うらしい。私はチェーンオブロックまで行ったら一旦脇に上陸し、カヤックも荷物も全て担いで難所の先まで歩いて行き、そして安全なところから再び漕ぎ始めることを勧められた。

ついに、この旅で最大の難所が訪れる。そう覚悟して、ミズーリ川の終わりまでやって来た。私は、今日まで約１２００キロ漕いで、やっとミシシッピ川との合流を迎えた。川の上で起こりうる限りの大きな荒波を頭の中に想像して、水面に見えるはずの波しぶきを探しながら、慎重に漕ぎ進めた。

しかしなぜか、いくら漕いでも、それらしい水の音も聞こえない。

そのままついにチェーンオブロックの目印の橋がやって来て、川に流されるままに橋の下をくぐって越えてしまった。そこには波一つ立てず、ただベターっと凪いだ静かな川の姿が広がっていた。雲一つない真っ青な空を反射してか、茶色いはずの川の水もどことなく青く見える。それは難所とは正反対で、むしろ今日まで通ってきた川のどの場所よりも、穏やかな景色。覚悟していた分、少し拍子抜けしたけれど、どうやらチェーンオブロックが激しい難所になるのは川の水量が少ない時だけらしい。私が通った日はたまたま増水の後だったから、助かった。難所であるはずのチェーンオブロックの穏やかで清々しい姿は、まるで川が私を運命的に導いてくれているような、そんな気分にしてくれた。

ミシシッピ川で初めて迎える朝、私はマディ氏と約束していた浜に向かった。すると、ちょうど対岸にある無人島からポツンと1つ、川を横断してくるカヌーの姿が見えた。マディ氏だった。聞けば、無人島まで朝食を食べに行っていたらしい。クーラーボックスに食材を詰めて、無人島でベーコンエッグを作って食べるのが週末の楽しみなのだそう。

マディ氏曰く、川といってもミシシッピ川はとにかく川幅が広くて、緑豊かな無人島がいくつも浮かんでいる。「君もこれから、数え切れないくらいたくさんの無人島を目にするだろう」。彼は私にそう言った。「無人島」という響きを聞くと、私は無条件にワクワクする。それなのにマディ氏は、さも普通のことのように、フラッと週末に無人島に遊びに行く。無人島をこんなにカジュアルに扱う人がいることに、私は驚いた。

マディ氏はセントルイスに住みながら、ミシシッピ川を漕ぐカヌーツアーの会社を経営している。会社を起こす前は、ミシシッピ川が好きすぎて、源流からメキシコ湾まで漕いだことがあったらしい。しかも、1度ではなく2度も。

マディ氏はこの2度目の遠征で書き綴った詳細な川の記録を元に、「River Gator」というホームページを作った。これはミシシッピ川の各所の考察を数キロおきに詳細な地図にまとめたガイドブックのようなもので、ミシシッピ川を下る人はほぼみんな、このホームページを参考にする。かくいう私もその一人で、何度かホームページを覗いていた。内容があまりに詳しすぎて、全部読んでしまうと、ミシシッピ川の全てがネタバレされたみたいに旅のお楽しみ感がなくなってしまうので、ほどほどのところで読むのをやめた。そんなミシシッピ川下りのバイブル的なホームページの創設者と川で知り合ったのは全くの偶然だった。

マディ氏は川下りの愛好家の間ではちょっとした有名人で、自宅はカヌーハウスという愛称で知られていた。母屋の裏に大きな小屋があって、そこに大きな手作りの丸木舟や舟造りの道具が詰まっていた。そうやってカヌーに全情熱を注ぐマディ氏だったが、私生活は無骨な男の一人暮らしそのものだった。部屋は、裸の豆電球がぶら下がっていて、薄暗い。空気中をかすかに舞っている埃が、窓の木漏れ日に照らされてキラキラ光っている。私はそれが、美しいと思った。幼い頃に住んでいた古い団地の一室を思い出す。綺麗すぎない生活臭が心地良くて、私はそのまま5日間も長居してしまった。

実はマイク氏は昔、日系企業で働いていたそうだ。今でも印象に残っているのは、日本人のゴルフ好きについて。アメリカは土地がたくさんあるせいか、ゴルフは庶民派スポーツとして認知されている。だから、いつもゴルフの話ばかりして盛り上がっている日本人駐在員のために、「そんなにゴルフが好きならば」と、出勤前の時間帯にゴルフに誘った。朝5時からハーフラウンド打って、またいつも通りに出勤。しかしこれが上司の耳に入って、「仕事前に遊びに行くなんて不真面目だ、けしからん！」と大目玉を食らったらしい。「They don't have the idea of working productivity（日本の会社は生産性の向上について何も理解がない）」と、退社から20年経った今でも愚痴をこぼしていた。そういう苦労がありつつも、マディ氏は日本人の女性と恋に落ちたりして、どんどん親日を深めたという。

ところが、マディ氏の祖父は大の日本嫌いだったらしい。と、いうのも、祖父はパールハーバーの負傷兵。皮肉にも、マディ氏が勤めた会社というのは、戦時中は日本の戦闘機の製造を担っていた会社でもあった。マディ氏の一家は、男子は代々兵役に出ていて、極めて保守的な家だった。兵役を選択せず一般企業に就職したのはマディ氏が初めてだった。しかもあろうことか、それは昔の敵国の企業だった。マディ氏は家族から一時勘当されることになったが、それでもせっかく雇ってもらったご縁だからと、日本の会社に勤めたという。

マディ氏は若い頃から、意志の強い頑固者だった。彼の生き方には、いくつかの譲れないこだわりがある。その一つは、銃を持たないこと。銃社会アメリカで生まれ、軍人の家で幼い頃から身の回りに銃がある環境で育っても、マディ氏は銃を所持しないと言う。なぜなら、もし、自分が不審者と対峙した時に銃を手に持っていたら、それを発砲して相手を殺すかどうか、自分で選択しなければいけないから。人の命を奪うかどうかの選択を迫られるくらいなら、いっそ銃なんてない方が良い。マディ氏はそう考えて、銃を所持しないという選択をずっと続けている。しかしその晩も、現地の静かな住宅街のどこかで、乾いた発砲音が響いていたのを私はしっかり聞いている。アメリカで銃を持たないという選択は、銃を持つことよりも、ずっと勇気のいる生き方だと思う。

川を下る道すがら出会う人から必ず聞かれる質問が三つある。「お水ある?」、「ご飯ある?」そして、「銃持ってる?」。これを初めて聞かれた時はカルチャーショックだったけれど、それくらい銃はみんなにとって身近な存在だった。海外で川を下る時の一番の危険は、自然の脅威ではない。悪意のある人間と遭遇してしまう可能性が、一番怖い。

「ミシシッピ川でキャンプをするのに一番安全な場所はどこだと思う?」。マディ氏の答えは、無人島だった。無人島には、誰も人間がいない。それはつまり、銃やナイフを手に悪意を持って迫ってくる人が、絶対にいないということ。だから無人島はどこよりも安全にキャンプできる場所なのだとマディ氏は言う。無人島が安全なんて、普段生活している感覚からはとても非常識に思えるけれど、ミシシッピ川を下る旅人の間では常識として通っている。

私はこれから先、ミシシッピ川のキャンプ地はなるべく無人島を選択することにした。

豪快に焼く。実はグルテンフリー

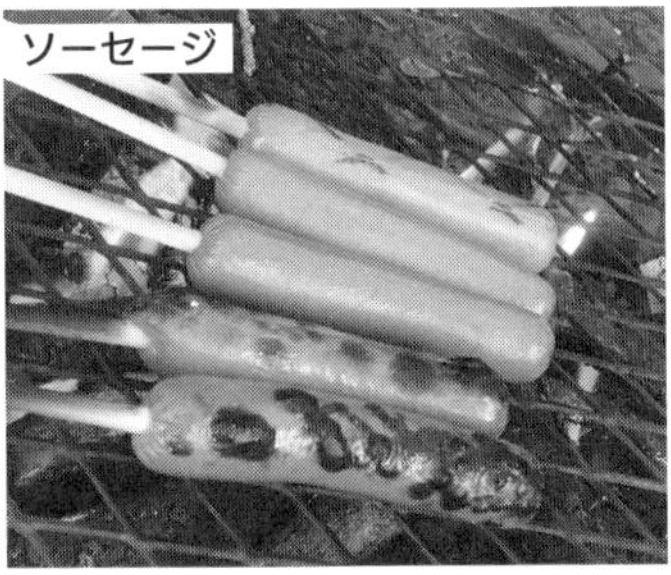

焚き火料理は、多少のコゲを気にしない

野菜を全て贅沢に使うと、出汁なしでも美味しい

マシュマロを焼く枝はマロスティックと呼ぶ

ただの平たいパンも、焚き火で炙ると本格派に

焚き火飯のコツは、
みんなで作って、みんなで食べること

第二部 ミシシッピ川 前編

セント・ルイス〜セントフランシスビル

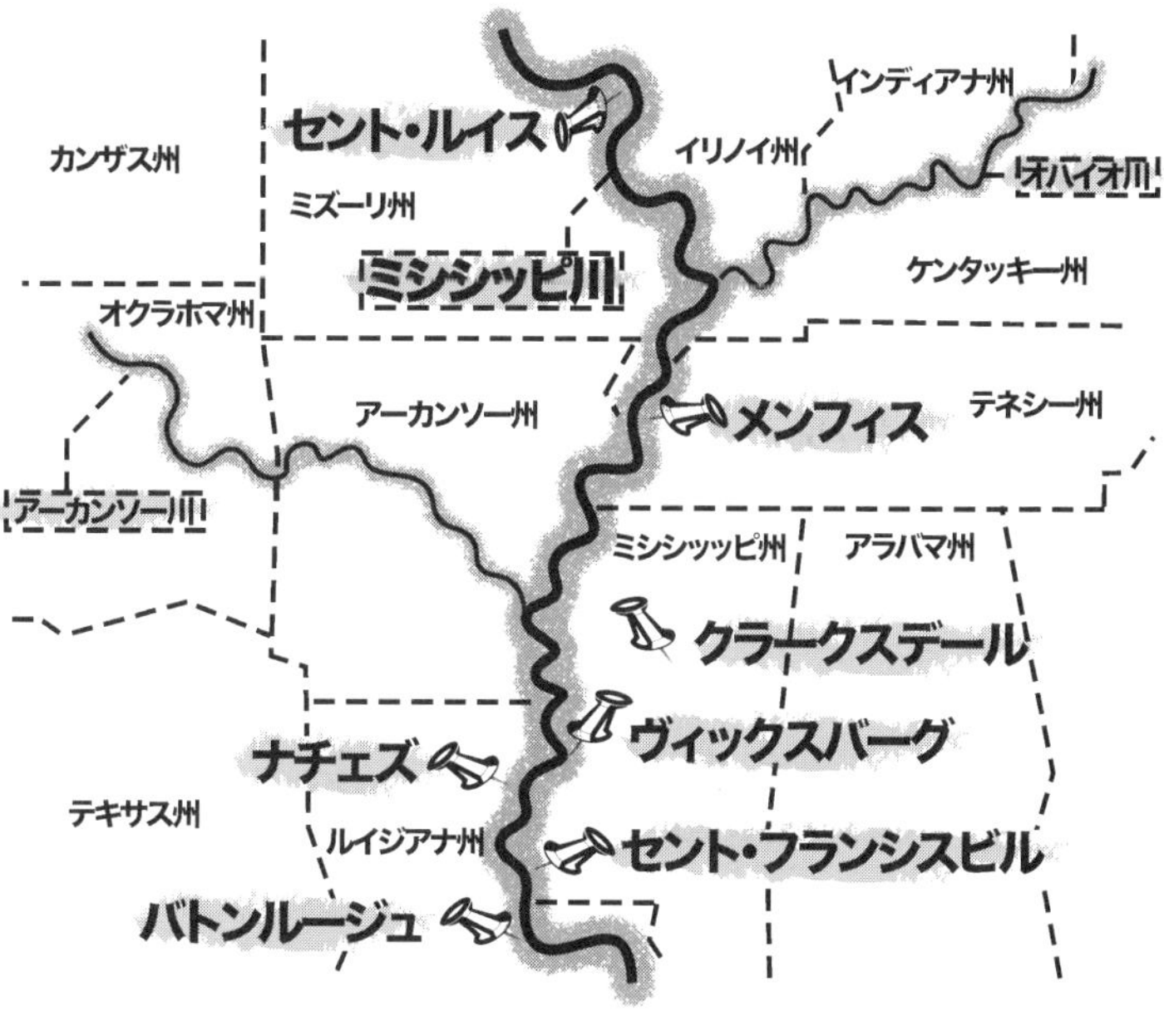

1 ミシシッピ川の巨大船

ミズーリ川を漕いでいた時は1日60キロくらい漕ぎ進めていたのが、セントルイスを越えてからは50キロも進まなくなった。理由は二つ。ミシシッピ川に合流してから川幅が広くなって、流速がガクンと落ちてしまったこと。そして、大きな船が川を頻繁に行き来するようになったことが原因だった。

ただ過疎の町が並ぶばかりだったミズーリ川と違って、ミシシッピ川の周りに立ち並ぶのは、セメント工場、採石場、それから穀物を貯蔵するサイロなど、大規模産業の姿。そういった施設へ岩や砂、トウモロコシや麦などを山のように積んで運搬する巨大な船がミシシッピ川を行き来していた。

その巨大な船は艀《はしけ》と呼ばれるもので、四角い箱のような形をしている。それが多い時で縦に7つ、横に6つ連結して、サッカーコート4つ分くらいの巨大な船になって川を下っていた。艀《はしけ》はただ荷物を載せる箱の役割をしていて、エンジンは積んでいない。だから、後ろにトーボートと呼ばれる動力船を連結して、押してもらう形で前進する。トーボートは言うならば、海の蒸気機関車。煙突を真っ直ぐ生やして、黒い煙を吐きながら川の水をかき分けて進んで行く。しかしそんな存在感とは裏腹に、エンジンの音は意外と静かで、気がついたらトーボートが無音で真後ろまで迫っていたりするので、後方確認が欠かせない。

「カヤックって、転覆したらどうするの？」。よく人からそう聞かれる。カヤックが転覆することを沈（チン）すると言うけれど、よっぽどのことをしない限り起こらない。カヤックは下半身がコックピットの中にあって、体の重心にあたる腰が喫水にあるので、かなり安定性が高い。カヌーの場合は座席がちょうど水面くらいの高さにあって、腰の位置が高いので、グラグラしやすい。カヌーでもカヤックでもある程度、喫水の深さがある方が安定するので、体重の軽い人よりも、重たい人の方が楽に乗れたりする。普段は運動が苦手だと言う人にも勧めやすいアウトドアスポーツだと思う。

カヤックでチンしないように気をつけることは、一つだけ。それは、波の向き。

カヤックの向きと垂直方向にやって来る波は、大抵の場合、チンには至らない。悪くても波しぶきを派手に浴びるだけ。だけど、カヤックの向きと水平方向に波がやって来ると、簡単にバランスを崩される。カヤックは細長い形をしているので、横波にめっぽう弱い。だから波を見たら、波がやって来る向きと直角になるようにカヤックの向きを整えて漕ぐ必要がある。

トーボートは水中で3メートルくらいある大きなスクリューを回して川を進む。すれ違う時にちょっとした壁くらいの高さの波が襲って来ることもある。真横から受けたらチンは確実。だけどカヤックの向きを整えて、正面から波を受ければチンすることはない。また、トーボートが生んだ波は岸にぶつかって引き波を起こすので、川岸の近くにいるからといって安全とは限らない。押し波と引き波を激しく繰り返してカヤックがグワングワン揺れることがある。

砂浜にカヤックを上陸させて休憩している時も、トーボートが前を通ったら、カヤックから目を離してはいけない。波にさらわれてカヤックが川に浮いて、誰も乗っていないのに勝手に出航してしまったり。波が届いて浮かんだ拍子に、カヤックが砂浜の奥まで押されてしまって、波が引いた後、抜け出すのに苦労したり。トーボートが通った後の川は、海みたいになる。

一番嫌なのは、橋の下ですれ違うこと。川の中央に立つ橋桁の近くは、危ないので漕ぎたくない。ミシシッピ川を流れる膨大な水量が、橋桁にぶつかってゴゴーッと低い音を鳴らしている。その振動を感じて、本能的に橋桁の近くはまずいとわかる。川の急な曲がり角にかかった橋桁には、大きな傷がついていることがある。艀《はしけ》が上手く川を曲がり切れずにぶつかった時の擦り傷らしい。かと言って、橋の下の川岸近くは押し波と引き波のコンビネーションでシビれる状態なので、これも避けたい。橋の向こうから艀《はしけ》がやって来るのが見えたら、橋の下ですれ違わないように調整した。

私みたいな小さなカヤックで、一体どうやって艀《はしけ》に轢かれずに川を下るのかとよく聞かれる。けれど実際には、艀《はしけ》が川の上でどこを通るのかは、道路を走る車がどこを通るのかわかるのと同じで、大体は予測可能だった。ミシシッピ川には、緑と赤のブイが浮いている。これは金属みたいに硬い大きなブイで、まともに衝突したら事故になる。大型船が川を下る時は必ず、緑のブイなら右側を通って、赤いブイの時は左側を通る。大型船はある程度の水深が確保された航路を行かないと座礁してしまうので、ブイはそれを防ぐための目印になっている。だから、ブイを見れば艀《はしけ》がどこへ行くのかは一目瞭然。

ミシシッピ川は異様にクネクネしている。これはアメリカ北部の上流から南部の下流にかけて、ほとんど高低差のない平たい場所を流れているせいだ。もし陸を真っ直ぐ突っ切れば1キロ半で行ける距離なのに、水路ではかなり大回りして30キロ近く漕がないといけないような場所もあった。

大型船はいつも、カーブの外側を通っていく。遠心力が働いて水が速く流れるので、川底に泥が堆積しにくく、大型船の運行に必要な水深が深く保たれているからだ。このように、川の水が一番理想的に流れている道筋はチャネルと呼ばれていて、前述した緑と赤のブイで示されている。ただし、遠心力が働いてカーブの外側の方が速くなるということは、それだけ川岸の土砂が削られるということ。削られた分だけ、カーブは余計に外側に広がっていく。そして削られた土は川の流れに運ばれて、どこか流れが緩やかなカーブの内側などに堆積する。長い年月をかけてこれを繰り返すうち、カーブはどんどんキツくなり、やがて細いくびれが大陸と分断されて、島が形成される。ミシシッピ川はこうやって、歴史の中で何度も大きく形を変えてきた。

しかし、こうやってただ川の流れを自然に任せていると、川底の水深やチャネルの位置が一定に保たれることはない。艀《はしけ》などの大型船が通るための航路が定まらず、運行に差し支えてしまう。だから政府は膨大な費用を投じて、ミシシッピ川の形を一定に保つために様々な策を打っている。

代表的なのは、ウィングダイクと呼ばれるもの。これは川底に人工的に敷かれた岩を指し、別名ウィングダムとも呼ばれている。普通のダムと違って、川の水は途中までしか妨害されていない。横に広がろうとする川の水をチャネルに押し込むことで、川岸に土砂が堆積するのを防ぎ、川の形を矯正する働きがある。これはブイの色が示す航路と反対側の岸辺付近に敷かれているものが多く、ウィングダイクの上は水深が浅いため、大型船が通ることはできない。カヤックが大型船を避けるにはもってこいのように聞こえるけれど、実際には流れが妨害されて流速が遅くなっていたり、跳ねるような細かい波が立っていたり、かなり漕ぎにくい。水かさが低い日には、カヤックだって座礁するくらい浅くなる。

私はミシシッピ川の大型船を避けながら、川の流れに乗って少ない力で効率良く進むために、ブイからブイに向かって漕ぐ方法で行くことにした。大型船はブイを目印にしつつも衝突しないように進んで行くので、ブイの近くは安全だった。灯台下暗し作戦である。こまめに後方確認をしながら漕ぎ進め、後ろに船が来ていたら、その時だけブイの色が示す航路と反対の方へ少し寄る。蛇行が多く、カーブのたびにウィングダイクの位置が右へ左へしょっちゅう切り替わるような箇所では、こうやってあえて沖に出て漕いでいた。

トーボートは時々、汽笛を鳴らす。汽笛は、鳴らした回数によっていろいろな意味があるらしい。1回なら、出航や、こんにちは、あるいは軽い注意の意味。3回なら、「今から後ろ向きに進みます」、5回なら「ぶつかります、危険です！」とか「あなたの船が今どう動こうとしているのかわかりません！」の厳重注意の意味らしい。

ニューマドリッドの町の小さな船着き場に行くと、トーボートのお尻が、一般の船が出入りする港の入り口を少し遮る形で停泊していた。仕方なく、その後ろをぐるっと回り込むようにして港へ向かって漕いだら、ちょうどトーボートの真後ろに来たあたりで、汽笛が3回鳴って焦った。船長は私の存在に気がついていなかったのだろう。

私はキテレツな旅をしている特別な人、なんていうのは思い上がりもいいところで、大きな川に浮かぶうちは私もただの小さな浮遊物の一つでしかなかった。

トーボートのスクリュー。私がすっぽり入ってしまうくらい大きい

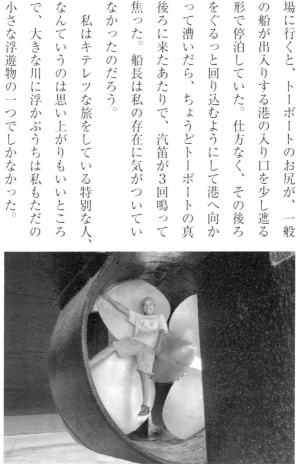

2 蛇口の水はどこから来る？

川のどこかから、子供がはしゃぐ声が聞こえてきた。この頃はもうネブラスカ州を出発当初の寒さが信じられないくらい、ミズーリ州は毎日暑かったから、ついに熱中症で幻聴が聞こえたのかと思った。しかし目を凝らすと、貨物列車の線路のそばに人がたくさん集まって、こちらに手を振っているのが見えた。

「There is a guy on the river!!」

子供が叫ぶ。違う。私はレディよ。

「ビールいるかーっ」。おじさんにそう言われて、上陸しないワケがない。私はあまりお酒を飲む方ではなかったが、旅の途中でいろんな人がビールをくれるおかげで、酒量がかなり増えてしまった。船着き場のそばを通る度、必ず誰かがキンキンに冷えたビールをクーラーボックスから取り出して勧めてくれる。

「勧められた酒は、断らない」。これは人生を豊かにするための座右の銘だ。

飲みニケーションとはよく言ったもので、お酒はコミュニケーションを円滑にしてくれる便利な道具だと思う。お酒を酌み交わし仲良くなると、みんな饒舌になって、通りすがりの旅人にニッチな地元情報なんかを教えてくれる。これは万国共通の現象だと確信している。

もちろん、お酒は飲みたいから飲むのであって、お酒を通して親交を深めた後のさらなる善意に期待をしてはいけない。けれど実際、お酒の次は食べ物をくれたり、家族と一緒に家に泊めてくれたり、中には餞別にいくらかお金を握らせてくれる人までいる。アメリカ南部には、サザンホスピタリティーという文化がある。これは直訳すると「南部のおもてなしの心」で、初対面の人でも旅人なら、まず疑う前に一度信用して、もてなしてくれるのだ。

ミシシッピ川の川岸に集まっていた一行は、近所に住む仲良しグループだった。みんな、屋根と壁がない剥き出しの軍隊みたいな車、複数台に相乗りしていた。太いタイヤを履いた頑丈そうな車だが、大きさはゴルフカートみたいに小さい。都会ではあまり見かけない、いわゆるＵＴＶと言われるオフロード車だ。

アメリカ人は、大きい物好きな傾向がある。スーパーのアイスクリームはガロン(4リットル弱)単位で売っているので、日本のコンビニで売っているカップアイスの大きい方のサイズが隣に並ぶと、錯覚で一回食べ切りサイズに見える。近所のピザ屋で注文する時も、注意が必要だった。一番小さいサイズがラージサイズで、中くらいがジャイアントラージ、そして一番大きいのがダブルラージ。ラージの定義を一度確認したくなるところだが、一番小さいものでも35センチくらいあるから確かに大きい。ダブルラージは60センチ以上ある。こうなると、ピザの箱が家のドアの幅ギリギリ通れるかどうか、というサイズ感になる。

大きい物好きのアメリカ人は車も大型車が好きで、地方ではピックアップトラックばかり走っている。一行のように小さな車の集団はかなり珍しい気がした。そんな集団の中でひときわ異彩を放つ車があった。白い日本製の軽トラだ。軽くて小回りが効く軽トラは、入手困難ながら隠れた人気車種らしい。荷台にカヤックを乗せて、みんなでバーに飲みに行こうという話になった。軽トラは二人乗りで夫婦が運転していたのだけど、私が1人加わったことで定員オーバーとなった。旦那さんがキャンプ用の椅子を荷台に置いて、そこに座ると言う。私のカヤックは、荷台に横向きに括り付けて積むことになったが、もちろん、カヤックは頭もお尻も大幅に荷台からはみ出してしまう。何だか、道路の車線の幅からもはみ出してしまっている気がする。しかしみんな、「田舎だから大丈夫さ」と言って、そのまま走り出してしまう。東南アジアに来たかのような大らかさだった。

軽トラの車内を観察していると、運転席の後ろに油性ペンで書かれた謎の日本語を見つけた。確かにこの車は、昔、日本で走っていたらしい。日本の軽トラはアメリカでも欲しがる人が多くて、それを専門に取引する中古車業者が田舎町にあるようだ。窓から外を眺めて納得した。ミズーリ州の田舎の道はやけに細くて、でこぼこで、クネクネしている。こういう道なら、大きな車よりも、軽トラくらいの丈夫で小回りが利く車が重宝するだろう。

アメリカはいわゆる先進国の代表でありながら、地方に行くと後進的な一面を見ることがある。中古車事情がその最たる例で、軽トラに限らず、使い古された日本車が町をたくさん走っている。日本だと10万キロ走ったら「そろそろ寿命かな？」と買い替えを考えるところ、30万キロを超える車が普通に走っている。みんな、壊れたら直してを繰り返しながら、騙し騙し走っている。田舎の中流以下の家庭ほど、一家の人数より多い台数の車を所有している。壊れた時の予備らしい。「これがアメリカン・スタイルさ」とニカッと笑って説明された。お古の日本車が活躍しているのは、アフリカもアメリカも同じだった。

続けて、軽トラの夫婦は私に奇妙な質問を投げかけてきた。

「君の家の水道はどこから来ているんだい？」

水道なんだから、町の水道局から来ているに決まっている、と答えると、「君はわかっていないな」とおじさんは得意げに笑う。実はこの町の住宅のほとんどは、水道が通っていない。だからどの家も、家を建てる時にはまず深い穴を掘って水脈を当てなければいけない。つまり、家の蛇口から出る水は、井戸水ということになる。何十年も住んで枯れたら、また業者を呼んで新たに井戸を掘り直すらしい。水質の良い地域は、比較的浅く掘るだけで綺麗な水が湧く。そうでない地域はかなり深く掘らないといけない。だから自分の家の井戸の深さは、土地の価値を示す基準の一つにもなっているそうだ。このスズキの軽トラのおじさんの本業は、住宅用の井戸掘り職人。どの家だって、水道は掘らなきゃいけないし、時にはメンテナンスが必要になってくる。需要には困らない商売だ。

小さな田舎町を訪れる度、不思議に思うことがある。町の人の生活は、どんな産業で成り立っているのだろうか。おじさんの井戸掘り業みたいに、あえて行政がインフラを整えないことで成立する地域密着型の商売もある。日本人の知らないアメリカ社会の一面を、また一つ知った。川岸に住む人たちと話すと、発見がいっぱいある。

私が町の暮らしについて知りたいのと同じように、みんなも好奇心から私にいろんな質問を投げてくる。「女の子一人で怖くないの？」、「女の子なのにすごい」と言うけれど、誰が銃を持っているかもわからない国では、男も女も死ぬリスクは大差がない気がする。それに私にとって川下りは、冒険的な挑戦というよりも、お金がない中で選択したライフスタイルの一つにすぎない。

世の中、女というだけで注目してもらえるんだから、女は得だと思う。それに比べると、男の人は女と同じことをやっても小さく評価されがちで、かわいそうだ。例えば、「女性初」という冠をつけるだけで新記録が生まれるものは、世の中にたくさんある。良くも悪くも、女は簡単に注目を集めることができてしまう。

人に質問されて、自分でも意識していなかった意外な事実に気がつくこともある。特に、子供の場合は大人より質問が鋭い。

「何でわざわざ外で毎日不便なキャンプ生活を強いてまで、カヤックで川を下っているの？」と女の子に聞かれた。抑揚のないトーンで、すごく冷静な問いかけだった。気の利いた答えなんて咄嗟には浮かばず、私は「まあ、遊びだよ」と適当に答えた。そんな答えではもちろん納得してもらえない。一体そんな旅のどこが楽しいのかと返されてしまった。

私が川を下っているのは、ただ下りたいから下っているだけで、それ以上の意味はない。私がしていることは、客観的に見れば意味不明な行為なのだと、そう女の子に指摘されて、私には返す言葉もなかった。だけど旅っていうのはそもそも泥臭いもので、カッコ良くなんかない。

初めて飛行機に乗って海外に行った時に悟った。いくらかまとまったお金を出して飛行機に乗れば、地球の反対側にだって半日で行ける。だけど飛行機でピュンと行けてしまうせいで、見逃してしまう景色がたくさんある。私は泥臭くとも、自分の足で移動することが、本当の贅沢な旅だと思う。うん万円出しても見えない景色や発見が、きっとあるから。

高校生の頃、部活動の顧問に忠告されたことを思い出す。山登りとか、人力の挑戦にハマる人は、一つクリアするとまた次にもっと過激なのをやりたがる。そうやって上がっていく情熱と反比例して、体は確実に歳をとって体力が落ちていく。この2つのカーブがクロスした時、人は死ぬ。だからお前も気をつけろ、という注意だった。ちょっとした冒険心が、いつのまにか泥臭く変態チックな挑戦に向かっていくのは、人間の自然の摂理なんだと思う。

「君らしく、泥臭く頑張れ」。これは旅立ちの前、日本の友人に言われた言葉。偶然にも、ミシシッピ川の別名は、ビッグ・マディ（泥の川）。私は泥の川で、泥臭く旅をやり遂げるつもりだった。

3 孤島の鳥は肌の色を気にしない

この頃、世間では、黒人差別に抗議するＢＬＭ運動が騒がれていた。ミネアポリスで黒人男性が警察官によって不当に死に至らしめられた事件に端を発したこの運動は、私がこれから川を下って向かう南部地域では過激さを極め、一部地域では暴徒化するなど、大きな社会問題になっていた。

アメリカにはびこる黒人差別の問題は、私たち日本人が思うより、ずっと根深い。例えば、経済格差。もともと奴隷として連れて来られた人たちは、解放された後も、何の資本も持っていなかった。資本ゼロから富を生むのは至難の技で、今も黒人の貧困率は高いまま。今時、「黒人は人にあらず」なんて本気で思っている白人はいないと私は信じているけれど、肌の色みたいに目で見てはっきり違いがわかるものは、やっぱり後ろ指を差されやすい。

私が黄色人種として差別を受けた経験といえば、留学当初、私の英語の発音が日本人っぽいのをジャパニグリッシュだとからかわれたこと。だけどそう指摘する彼女の英語もヒスパニック系の独特のアクセントだった。英語は世界共通語だからこそ、国ごとに発音の違いがあるのは当たり前で、発音の違いを理解してコミュニケーションを取る力が、これからの時代に必要だと思う。

とにかく、人種差別問題に対する抗議活動で世間が物々しい雰囲気に染まっていく中、私は一人で川を下り、社会のいろいろなしがらみから離れた生活を送っていた。そんな時、ミシシッピ川の真ん中に浮かぶ小さな島から、ピーピー甲高い鳥の大合唱が聞こえてきた。上陸してみると、そこは鳥のオアシスだった。

島を埋めつくさんと生えた木の上に、無数に鳥の巣があった。その中にはまだ幼い鳥の姿があって、みんな喉が張り裂けんばかりの甲高い声で鳴いていた。彼らは、まだ自分たちの翼が空を飛ぶためにあるのだということを認識していないのか、翼を腕みたいに乱暴に振り回してあちこちに引っかけながら、やっとのことで枝から枝へと移動していた。遠くから見ても、若い羽毛はまだスカスカで、柔らかく空気を含んでいるのがわかった。

島は3分も歩けば一周できるくらい小さかった。だけど意外なことに、一種類の鳥が独占しているワケではなかった。例えば、灰色の体とS字に曲がった首が特徴的なBlue Heron（アオサギ）、白い体と黒い足が特徴のGreat Egret（ダイサギ）、それから黄色い足が特徴のSnowy Egret（ユキコサギ）など、サギの仲間だけでも数種類が同居していた。ほかにもカラスのような鳥があちこち飛び回り、地面では丸くてでっぷりした茶色い鳥が走り回っていた。狭い島ながら、色の違う鳥たちがみんなで平和的に共存しているようだった。

それに比べて人間社会は、肌の色の違いに少し敏感すぎるような気がする。そんなしがらみから離れて自然の中で一人で暮らす私の生活は、まさに楽園のようだった。ミシシッピ川は、上流のミズーリ川から流入してくる泥水のせいで、水はやっぱり濁っている。けれど、不思議なことに、そこに浮かぶ無人島はみんな、海みたいにサラサラの白い砂浜。モーターボートで遊びに来て、持参したビーチパラソルの下に寝そべって、静かにくつろぐ人もいる。その様子は南国のリゾートみたいで、時間がゆっくり流れる贅沢な雰囲気だった。

私も、適当な無人島の砂浜の上に、寝床を構えることにする。

ミシシッピ川でのキャンプ生活は、夏の海辺でテントを建てて遊ぶのに似ている。足の裏が砂だらけになるので、テントの中もすぐに砂だらけになる。一日海水浴場で遊ぶだけなら、帰る前にはシャワーを浴びて砂のジョリジョリ感とおさらばできる。けれど、私はそうはいかない。毎日砂浜でキャンプするから、テントの中も、身の回りの衣類など持ち物全てに砂がついて、何を触ってもジョリジョリする。砂浜で毎日お米を炊いていると、どうしても多少はご飯に砂が混じってしまうもので、食事中にガリっとした感触を歯に覚えることも日常茶飯事。そのうち食感のアクセントくらいにしか思わなくなってくる。普通なら不快極まりないことでも、人間、慣れると段々気にならなくなってくるもんだ。

砂だらけの生活で嫌なことは、一つだけ。それは、爪の間に砂が詰まって汚れていくこと。毎日野外で生活をしていると、防ぎようがない。だから私は、汚いものには蓋だと、ネイルを塗って誤魔化《ごまか》すことにした。爪やすりや除光液、何色かのマニキュアをカヤックに忍ばせて、浜に座ってネイルする。蛍光色の明るい爪を見ると、何だか元気が出てくる。女の子にとって、ネイルはクオリティオブライフ向上のための必需品だ。

この頃の日課は、人気のない浜で全裸になって川で水浴びをすること。遠浅みたいなところで寝そべって、頭だけ水面から出して、冷たい水に全身を浸ける。とても気持ち良い。川を行くトーボートの船長の中には、ミシシッピ川で突然女の裸体を見た人もいたかもしれない。けれど頭だけ出して水の中で寝そべる行為はカバがやっているのと同じことで、色気もへったくれもなかった。

野営生活は何もなくて不便に思われることが多いけれど、実際はそんなことはない。私たちは普段、たくさんの物に囲まれて暮らしている。だけど本当に生活に必要な物は少ししかなくて、どれもカヤックに積むことができる。毎日を楽しくしてくれるアイテムは、外に出れば、いくらでも見つかる。

私は私なりに、優雅な野営生活を送っていた。だけど、町で出会う人たちが私に抱く心配事は尽きない。

「洗濯はどうしているの？」。これは着衣のまま川で泳ぐと、シャワーと洗濯を一度に済ませることができる。乾かす時は、登山用語で言う着干しで、濡れたまま小一時間も着ていれば太陽の光でパリパリに乾く。

「冷蔵庫もないのに、料理はどうしているの？」。まず、冷蔵庫がなくても人間、生活はできる。冷蔵庫なしで生活している人は世界にいっぱいいる。私の母は、食べ物がすぐ腐りそうな常夏フィリピンで、食べ盛りの11人兄弟に囲まれて育ったが、家に冷蔵庫はなかった。大切なのは、すぐに腐る食べ物とそうでない食べ物を見分けること。アスパラは意外とすぐに腐るからダメ。だけど、トマトとアボカドは日持ちするのでサラダにして食べられる。それから、ニンジン、ジャガイモ、玉ねぎは日持ちする。これはまさにカレーの具材。カレーが作れれば、ポトフもシチューも作れるけれど、やっぱりカレーは何を入れても美味しく失敗しないので、よく作った。

ジャガイモを切るのにまな板は必要ない。まず皮を剥いたら、縦に2つか3つ切れ込みを入れる。それからジャガイモを90度回して、最初に入れた切れ込みと直角になるようにまた2つか3つ切れ込みを入れる。そして最後にジャガイモを鍋の上に持ってきて、縦に持っていたジャガイモを今度は横向きに持ってナイフを入れると、ジャガイモがサイコロ状に切れて鍋に落ちていく。この時、真っ直ぐに切り落とすのではなく、刃を途中まで入れて、ジャガイモを回しながら螺旋を描くようにして切っていくと良い。こうすると、最後まで切り落とさないので手を切る心配がないし、ジャガイモがポロポロ鍋に落ちていくので気持ち良い。

カレーの肉は旅の最初の頃はベーコンを入れていたけれど、だんだん暑くなって日持ちしなくなってきた。そこで、スーパーのおつまみコーナーで見つけたのが、極太のサマーソーセージ。加熱済みで真空パックに入っている。常温でも未開封なら2週間経っても腐らない。缶詰のチキンやソーセージよりずっと厚みがあって、肉肉しく食べ応えがある。何より、もともとおつまみ用なので、ハーブなど香辛料が効いた濃い味で、カレーの旨みを増してくれる。おつまみのサラミやジャーキーも、開封してからしばらく経つと、川の湿気にやられてカビそうな気配を見せるので、やはりカレーに投入した。

料理をするのが面倒な時は、袋入りのインスタントパスタを食べた。これはアメリカのどの田舎町にもあるダラーストア（アメリカ版の100円ショップ）で売られているもので、アウトドア専用の食品ではない。けれど、中身を水と混ぜて一旦沸騰するまで煮たら、火を止めて蓋をして10分も蒸らせば完成する。ガスもかなり節約できる。お気に入りは、ピリ辛のメキシカンライスと、クセのないまろやかなクリームソースのアルフレッドパスタ。特にパスタの方は平たいフェットチーネ風の麺で、生パスタのようなもっちり食感。ソースとよく絡むので、卵と黒胡椒を足すと上等なカルボナーラ風になる。インスタントのマッシュドポテトも美味しい。ジャガイモの粉が袋に入っていて、作り方は粉と水を混ぜて鍋で煮詰めながら数分捏ねるだけ。粉はバターとかチーズの味付きになっていて、こういう乳製品の味は真夏のキャンプ生活では貴重なので、かなり有難い。

カレーやパスタソースがこびりついた鍋を洗うのに、洗剤なんて必要ない。油汚れは鍋に水を汲んで沸かして浮かせば良い。鍋底に焦げ付いた汚れは、地面の砂を一握り掴んで擦り付ければ、研磨剤を使ったみたいに綺麗に落ちる。

本当は鍋じゃなくて焚き火とアルミホイルで料理すれば、洗い物も出さずにもっと美味しい物が作れる。まず、薪をたくさん拾って、炭になるまで燃やして熾《おき》火《び》を作る。この熾火《おきび》の弱い炎で、ホイルに包んだ牛肉をじっくり焼くと、柔らかジューシーに焼ける。分厚いステーキ肉の上にニンニクも乗せて一緒に包み焼きにすると、もうレストランの味だ。友人や恋人に会うこともない野営生活なので、口臭を気にせずここぞとばかりにニンニクをたくさん乗せて焼く。そしてアルミホイルの中に溜まった肉汁に、インスタントのマッシュドポテトをつけながら食べると、すごく美味しい。

焚き火とアルミホイルの相性は抜群で、パンを焼くのにも重宝した。食パンはカヤックの中で荷物に押されて潰れてしまうので、平たいぺったんこのトルティーヤブレッドを買う。これにソーセージを挟んで、ケチャップを塗り、ホイルで包んで焚き火で焼く。こうすると、どんなに湿気っていたパンも嘘みたいにパリッパリに蘇る。ソーセージの皮もパリッパリの仕上がりだ。

ご飯が美味しいとキャンプも楽しい。

このキャンプ生活に何一つ不満などなかった。

4 お金持ちとの遭遇

川を下る毎日は、はっきり言って暇だ。

川に浮かんでいる間は、やることがない。ボーッとする以外は、鼻歌を歌うくらいしか本当にやることがない。暇だ。世代でもないのに、美空ひばりの「川の流れのように」が自然と口から出てくる。川の流れに穏やかに身を任せるのは比喩じゃない。現実の川下りも、あの歌と同じように、伸びやかで、ずっと身を任せていたくなる心地良さがある。ムーミンに出てくるスナフキン曰く、旅に必要なのは大きな荷物じゃなくて、口ずさむための歌らしい。これはかなり的を射ている。旅には余計なものを持っていかない方が良い。

普段の生活を振り返ると、やらなきゃいけないことにひたすら追われているか、スマホをいじるばかりで、ボーッとする時間がない。ボーッとするのは実は贅沢なことだから、旅に暇つぶしグッズを持って行くなんてもったいない。

一人でボーッとしていると人はどうなるか。最終的には独り言を言い始める。自分でボケて、自分で突っ込む。自分で質問して、自分で答える。それはつまり自分との対話だ。みんな、自分のことは自分が一番よくわかっているつもりでいるけれど、本当にそうだろうか。「本当の自分を探る」なんて、夢見がちな青くて寒い高校生、大学生の若者の言葉に聞こえるけれど、そんなことはない。

私の周囲で、世界一周のバックパッカー旅や、突然仕事を辞めて海外へ行こうとする日本人男性は、なぜか決まって29歳だ。30歳目前まで社会人経験を積むと、自分がこの先会社でたどる道が見えてくるらしい。そうすると、「自分の人生、こんなもんか」という諦めと落胆が混じった心境に陥る。だけどいよいよ人生が決まっちゃう前に、やっぱり最後に一花咲かせたい、ただその思いだけで突発的に海外へ出て来るので、明確なプランを持っている人は少ない。

また、中年の大人が特有の不安定な心理状態に陥ることを、ミッドライフクライシスと言う。特に40代によく見られる現象で、安定したキャリアを築いた頃、ふと本当の自分の目標や幸せが何なのかわからなくなって発症する。仕事もプライベートも、今のポジションは長年の努力の末に築いたもの。だけどこの先、自分の人生を上向かせる大きな変化はきっともうない。自分の人生は、本当にこれで良かったのだろうか。そういう葛藤と、焦燥感に駆られるらしい。

世の中で流行りの自己啓発本はみんな揃って、「毎日の無駄な時間を削って、効率的に努力して出世しよう」とか、そんなことばかり書いてある。だけどたまには回り道してボーッと無駄な時間も過ごさないと、自分自身を理解するためのちょっとしたきっかけすら失ってしまう。

以前、アメリカ人の友人たちと集まって山小屋へ遊びに行った時のことを思い出す。参加者の中には、子持ちの40代夫婦が3組もいた。子供は預けて、大人だけの参加だった。山小屋にはWi-Fiも携帯の電波も何もなくて、外は吹雪。夜にはやることもなくなって、みんなで薪ストーブを囲みながらボーッとしていた。

すると、一人がポツリとつぶやいた。

「5年後どうなりたいかを具体的に考えて今を生きるのって、大事よね」

40代子持ち、意識高い系でも何でもない普通の会社員の女性の言葉だった。自分探しに年齢は関係ないのだと知った。

「自分探しの旅で本当の自分なんて見つかるワケない。そんなの、やるだけ無駄だし、ダサい」。そういうことを言って現実主義者ぶる人がたくさんいる。だけど、やり方はどうであれ、自分と対話することを避け続けて歳を重ね、どんどん寿命に近づいていく方が、よっぽど恐ろしくないだろうか。

カヤックを漕ぐ時間は、自分と対話できる時間。そして散々繰り返される自問自答のプロセスに飽きた頃、次の町に着いて、人と出会い、多様な価値観に触れる。そして、町で得た新たな学びを元に、また川に戻って浮かびながら自分と対面する。これの繰り返し。カヤックを漕ぎ続ける川下りの生活は、暇だけど、実は脳みその中は大忙し。アウトドアは、お金を出して苦労を買う変態的な遊び。そして、川下りの旅は、そこにさらに暇を楽しむ忍耐力と思考力が求められる。

ところで世の中、格差社会だ何だと言われている中、ミシシッピ川には私みたいな貧民とお金持ちが入り混じることがあるので、面白い。

いつも通りにカヤックに乗って、いつも通りに暑さにうなだれながら次の町を目指す。そんないつも通りのある日、ちょっとだけいつもと違うものを見た。豪華クルーザーだった。

そのクルーザーは、ケープジェラルドの町に浮かぶ、八畳間くらいの小さな四角いコンクリートの島に停泊していた。島の正体は、船のガソリンスタンド。太いホースを伸ばして給油をしているクルーザーの側へ行ってみると、中から二人組の男が出てきて、船内に迎え入れてくれた。

中は一階がリビングで中央のテーブルを囲むように白い革張りのソファが弧を描くように並んでいる。階段を降りて行った先にベッドルームがあって、もちろん温かいシャワーも完備。甲板はテラスみたいになっていて、防水の人工皮革の大きなソファがあった。私なんて、衣類が入った袋を座布団代わりにお尻の下に敷いてカヤックを漕いでいるのに。

彼らは五大湖から出発して、ミシシッピ川に合流したところだという。このままメキシコ湾まで下ったら、フロリダのマイアミを経由して、自宅のあるニューヨークまで戻る予定らしい。地図で描くと、湖と川と海でぐるっとアメリカの東側を一周ループする形になるから、彼らのような旅人はルーパーと呼ばれる。

しかしこのクルーザー、値段を聞いて驚いた。何と250万ドル（約2億5000万円）。貴族の遊びだった。聞けば、彼らはニューヨークのマンハッタンとその周辺の高級な住宅地にいくつかの不動産を持っているらしい。とは言っても、そういう話は私が聞いたら答えてくれる程度で、彼らの方からは何もひけらかしてこない。その余裕のある態度が、余計に上品な貴族の香りだった。カヤックなんて漕ぐのはやめてお願いすれば、メキシコ湾どころではなくマイアミまで乗せて行ってくれるんじゃないか。そんな甘い誘惑が脳裏をよぎったけれど、ギリギリのところで思いとどまった。

彼らがこの町に来たのには、給油のほかにもう一つ大事な用事があるらしい。ミシシッピ川では30キロ級のナマズが釣れると噂で、彼らもそのヌシのようなナマズをどうしても釣りたいのだという。しかしその志の大きさとは裏腹に、実は釣りはほとんど経験がないそうで、散歩中の地元の人に話しかけては、コツを聞いて回っていた。

ミシシッピ川のナマズはソーセージが好きらしいという情報を得ると、早速釣り針にソーセージを引っかけて、ビュンビュン川に釣り糸を投げ込んだ。それから今度は別の人に、ソーセージよりもレバーの方が良いと助言されると、仕掛けをレバーに変えて投げ込んだ。けれどレバーはソーセージと違って柔らかいので、うまく釣り糸に引っかけることができなくて、ビュンと投げ込む時の勢いで針から外れて明後日の方向に飛んで行った。

小一時間これを繰り返したところで、おじいさんがゆっくり歩きながら近づいて、こう言った。「今日は川の水位が高くて、普段は砂浜の場所が川に沈んで遠浅になっている。君たちは遠くに釣り糸を投げ込んでいるつもりだろうけれど、実際にはその釣り糸が沈んでいるあたりは膝下くらいの深さしかない。そんなところにいくら仕掛けを投げ込んだって、巨大ナマズが釣れるワケがないだろう」。

それを聞いて夢破れた彼らは、今度は川の泥で遊ぶことにした。「泥パックでお肌ツルツル」なんて言って手足に泥を塗りたくる。それを見た通りすがりのおばさんは、「ミシシッピ川の泥を体に塗る人なんて初めて見た。蚊が寄って来るわよ」と絶句してドン引きの様子だった。

私も一緒に泥だらけになった後、焚き火でマシュマロを焼いてみんなで食べた。泥だらけで地べたに座り、マシュマロを頬張る彼らを見て、まさか2億5000万円のクルーザーのオーナーだと思う人は誰もいない。

彼らみたいなド金持ちも、私みたいな貧乏学生も、川の楽しみ方はほとんど同じだった。世の贅沢を知り尽くしたはずの彼らでさえ、こんな遊び方をするんだから、外遊びとは真に贅沢な遊びと言える。

ワイルドお姉さんとは旅の後半にまた再会を果たし、
一家全員に出会うことができた(左から2人目が私)

彼らのようなド金持ちでも私でも、
川での遊び方は変わらないようだった

5 メンフィス

川の向こうに突然、大きな三角形のピラミッドが見えてきた。どうしてアメリカの川のほとりにピラミッドがあるのか、全く解せない。調べてみると、何やらメンフィスという町の名前はナイル川流域の古代王朝に由来があるそうで、それになぞらえて建てられたピラミッドだという。

このピラミッドには呪われた骸骨が眠っている。そんな噂もあったらしい。

このピラミッドは一時期、廃墟になっていた。もともとは、巨額の費用をかけてNBAで使える大きさに建てたはずが、後になって規定の改正などがあり、結局使えなくなってしまったらしい。一般のスポーツ会場として活躍し、老朽化を迎えると、引き取り手もなくがらんどうの状態で放置された。あれだけたくさんお金をかけて建てたのに、誰も寄り付かなくなった。これは何かの呪いに違いない、というのが呪われた骸骨伝説の真相だった。しかし、ある日を境に突如としてメンフィスを代表する観光スポットへと変貌を遂げることになる。

それは釣り具専門店のバスプロショップのCEOが、ミシシッピ川に釣りに出かけた時のこと。「よし、今日もし大きなナマズが釣れたら、あのピラミッドを買ってやろう」と冗談で仲間に宣言したら、本当に釣れてしまったらしい。かくしてバスプロはピラミッドを買い取ると、巨大アウトドアショップ兼ホテルへと改装。現在は、メンフィスを代表するランドマークとして親しまれている。

だけどメンフィスは、ひとたび観光客がいないようなところまで足を伸ばすと、町の影の部分が見えてくる。例えば、バスの車窓から見た路上のジュース売りの姿。住宅街の空き地に、低い折りたたみテーブルを置いて、かき氷のシロップみたいな色味の入った瓶を並べている。ジュース売りのおばさんは、足元に置いた大きなクーラーボックスの上に、どしんとお尻を乗っけて座っていた。クーラーボックスの中には冷たい水が入っていて、それをテーブルのシロップと混ぜてジュースを作るらしい。

砂埃の舞う中、子供がジュースを買って行くのが見えた。

メンフィスのダウンタウンの雑多で混沌とした雰囲気は、どことなく南米の途上国のようでもあった。だから、メンフィスのダウンタウンの大部分を生活に適さない貧困地区と捉えて、あえて郊外に居を構える人も多い。

私は、メンフィスに着いた初日、宿なしだった。しかし私には宿を探すよりも先に、まずやることがあった。それは、ボルダリングジム探し。私が旅先でいつも最初に確認するのは、ボルダリングジムの有無。これは譲れない旅のマイルール。今回もバスで行けるところに見つけたので、登りに行くことにした。

なぜ私が旅先でボルダリングジムを優先して宿は真面目に探さないのか。理由はたくさんある。単純に、もうカヤックで水平方向にいっぱい移動したので、今度は垂直方向に移動する運動がしたいから、というのもある。

だけど、私が旅先でボルダリングをする一番大きな理由は、旅先で新しく友達を作るため。ボルダリングの魅力は、登りながら周囲のクライマーと気軽にコミュニケーションが取れるところにある。筋肉頼みのスポーツに見えて、案外、体の動かし方が肝心で、頭脳戦の要素を含んでいるので、仲間同士でアドバイスしあって登ったりする。

何よりボルダリングは完全に個人種目で、ライバルに挑戦する競技ではない。壁に敷かれた課題を攻略するのがゴールなので、みんな親身に教え合う。

応援のかけ声は、日本だったら、「ガンバ」。

アメリカだったら「カモン」。

一人きりの野営生活で、人としゃべる機会が減って会話下手になった人間でも、この3文字だったら簡単に声に出せる。初見のジムに一人で行ったとしても、頑張って登っていれば、必ず誰かが話しかけてくれるから簡単に友達ができる。私にとって、ボルダリングとは、ただ体を動かす遊びではなく、一人旅で孤独を防ぐための大切な手段になっている。そうやって、あっちこっちに友達を作ってきた。幸いなことに、メンフィスのジムでも友達ができて、しかも家に一泊させてくれるという話になった。

クライミングというスポーツは不思議なスポーツで、ある一定以上にうまい人は、ほとんどみんな選手か廃人のどちらかに分類される。後者のクライミング廃人は、アメリカではしばしばクライミングバムと呼ばれている。バムとはホームレスを指す言葉。クライミングの場合、バム生活者とは、無職同然で車中生活をしながら岩場を転々として年中登っている人のこと。よく言えば、ノマドな生活。悪く言えば、そのままホームレスだ。ちなみに、クライマーが山中の岩場でボルダリングをする時は、大きな四角いマットを背負って歩いている。これは背負った人が妖怪のぬりかべに見えるくらい大きなマットで、広げれば布団としても使える。バム生活者にとってボルダリングのマットは、安全と睡眠を確保してくれる必須アイテム。家があるクライマーは、客人用のベッドとしても活用する。

バム生活のニオイがする人は、行きずりのクライマーを泊めることにあまり抵抗感がない。私もよく泊めてもらうし、家があった頃は逆に泊まってもらうこともあった。バム生活の一部はこうやってバム同士の助け合いで成立している。こうなるともう、クライミングはただのスポーツではなく、生き方の一部とも言える。私にとっては、川を下るのも同様で、スポーツではなく生き方だと思う。

メンフィスの町には、ミシシッピ川を下る人で彼を知らない人はいない、と言っても過言ではないくらい有名なリバーエンジェルがいる。デール氏だ。

彼はミシシッピ川を源流からメキシコ湾まで下る挑戦の最高齢記録保持者で、何と80歳の時にぴったり80日間で達成したという。ほかにも米国内のいろいろな長距離系チャレンジの最高齢記録を総なめ状態で、若い頃には水中息止め6分4秒で当時の世界記録を塗り替えたそう。正真正銘のビックリ人間だった。

私は上流のエンジェルを通じてデール氏を紹介してもらい、数泊お宅に泊めてもらえることになった。彼の家は川下りの旅人の間ではちょっとした有名スポットで、壁一面に歴代の旅人の寄せ書きが残されている。その壁に、私も日本人第一号としてメッセージを残すことが目的だった。

デール氏は待ち合わせ場所に車で現れた。昨今、日本では高齢者の運転による事故が社会問題になっているけれど、アメリカはとにかく車社会なので、高齢になっても車を運転する人が多い。デール氏もその一人なのだけど、彼の車は普通とは一味違った。バンの後部座席の扉を開けると、そこにあったのは小さなベッドスペース。車内は完璧に車中泊仕様になっていた。ベッドに敷かれた真っ白なモコモコのブランケットは、まるで海外の若いキャンプ系インスタグラマーのキャンピングカーみたいに、清潔感に溢《あふ》れていてオシャレだった。

とはいえ、デール氏はおん歳85歳。自宅に着いて、奥さんが彼に夕食のリクエストを尋ねた。「やっぱり食事くらいはちょっと歯に優しいものを頼むのかな」と思って、つい聞き耳を立ててしまった。デール氏の答えは、「チーズバーガー。でっかくかぶりつけるやつ。縦に厚みがあるやつじゃなくて、パティ薄めで横にでかいやつね」。85歳の若さ溢《あふ》れる答えにビックリして、23歳の私の腰が抜けた。

逞しいのはデール氏ばかりではなく、奥さんも同様だった。

ある日の晩、腰のあたりが痒いなと思ってポリポリ掻いていると、かさぶたみたいな感触を指に捉えた。あ、いけない、と思って一旦掻くのを我慢したけれど、何だか、かさぶたがやけに立体的に感じたのが気になった。患部を確認してみると、とっても小さいスイカの種みたいなのが皮膚にくっついていた。よく見てみると、その種からは足が何本か生えている。ダニだった。頭だけ私の皮膚に埋没させて、お尻を出したまま空中で足をもがいている。認めたくない光景だった。

皮膚に八本足の生物がめり込んでいるのは初めて見た。何とか摘まんで引っ張ってみても、とにかく激しくもがいて抜ける気配がない。水攻めにして弱らせたらどうだろうかと、温かいシャワーを浴びたら、ピクリとも動かなくなった。だけどそれで引っ張ってみても、やっぱり抜けない。むしろダニの体がふやけたせいで、無理矢理引っ張ったら頭を皮膚に残したまま体だけ千切れてしまいそうで、怖い。そうこうしているうちに、ダニはまた復活して、さらに私の皮膚の奥へ前進しようともがき始めた。

これはまずいんじゃないか。このまま放っておいて、もっと深くまで潜り込まれたらどうしよう。私は気が動転してしまって、デール夫妻を呼ぶことにした。だけど、アメリカの家は広すぎて、一体どれが夫妻の部屋なのかわからない。夜中に家じゅうに響き渡るくらいの大きな声で呼ぶワケにもいかないし。

私は諦めて、一晩ダニとベッドをともにすることにした。

幸いなことに、朝になってもダニは元の位置のままだった。急いでキッチンへ行って、朝食の準備をしていたデール氏の奥さんにSOSを求めた。彼女は、「あー、ダニね」とだけ言うと、どこからか毛抜きを持ってきて、ダニのお尻を摘んで、プンッと真っ直ぐ勢いよく引っ張って抜いてくれた。一瞬の出来事だった。

ダニが皮膚に埋まるのは、どうやらよくあることらしい。「安心して。ライム病はこの地域では聞かないから平気よ」。ほじくらずに、真っ直ぐ一気に抜くのがコツだと教えてくれた。

20代の私に比べると、彼ら老夫婦の方がずっと逞しくて、何だか自分が恥ずかしかった。

マディ氏と愛犬。その生き方はことわざ「Dogs are man's best friend（犬は人間の最良の友である）」を体現している

軽トラのおじさん一家。
川を下りながら、たくさんの人と会った（中央が私）

6 バイブルベルト

メンフィスは、バイブルベルトと呼ばれる地域に属している。キリスト教に熱心で保守的な、アメリカ南部地域を指す言葉。ちょうどメンフィスを含むテネシー州から南の方へ沿って、このバイブルベルトの文化を見ることができる。それは実際にその地域に住む人と交流してやっと実感できるもので、ただ観光地を巡るだけの観光客にとっては、あまりなじみのない事情かもしれない。だけど、アメリカの文化形成の背景には、宗教が深く関わっている。

日本の場合は、生活の中にいくつかの宗教が取り込まれている。人が死ねばお坊さんを呼ぶし、神社のおみくじを引いて一喜一憂することもあれば、クリスマスだってお祝いする。ただしこれは、各宗教の行事や慣習の良いところを生活の一部に取り込んでいるだけで、個人が実際にどの神様を信じているかどうかは関係ない。日本の宗教観についてアメリカ人にそうやって説明すると、じゃあ日本人はみんな無神論者なのかとまた質問されるが、これも違う。日本人は、神様はいるかもしれないと思っていても、特定の宗教に属すことを避けている。無宗教者が多い。

これとは対照的にアメリカの白人のほとんどは、完全な無神論者かキリスト教信者のどちらか二つにはっきり分かれている。無神論者の中には、無神論者の集いに所属することで、かえって新興宗教めいた雰囲気を醸す人もいる。そしてキリスト教信者の場合は、自分がキリスト教の中のどの宗派に属しているのかをはっきり自覚している。

まず、キリスト教は大まかにカトリックとプロテスタントの二つに分かれている。バイブルベルトで特に厚く信仰されているのは、プロテスタント。一口にプロテスタントと言っても、その中はさらに細分化され、いくつもの独立した宗派に分かれている。私は宗教学者ではないけれど、カトリックとプロテスタントは、似ているようで、実はたくさんの違いがあると認識している。

まずカトリックは、伝統を重んじる単一の宗派として統一されている。日本でもよく耳にするのは、「フランシスコ会」や「イエズス会」など。あれは修道会と呼ばれる運営団体の名前。修道会ごとにいくらか個性はあるものの、中身はみんな同じ聖書の解釈を共有している。

一方プロテスタントはというと、その中にさらにいくつもの宗派が含まれていて、それぞれ微妙に異なった信仰を持っている。プロテスタントは、宗教改革が行われた16世紀頃、カトリック教会の最高位であるローマ教皇への不信と封建的な制度に反発して生まれたという背景がある。そしてプロテスタントはその後、それぞれが思う聖書の解釈の違いや、文化的、あるいは政治的な背景によってさらに細かい宗派に派生して分かれていった。

その昔、ヨーロッパでは、国や地域ごとにどの宗派を信仰しているか分かれている時代があった。それは例えば古典文学の隠喩表現から、著者がプロテスタントなのかカトリックなのか読み解けるくらいにハッキリしていた。アメリカ人も、先祖をたどればヨーロッパから移り住んで来た人たちなので、それぞれ自分たちの出身地のルーツによって信仰している宗派がある。

ここメンフィスは、アメリカ南部のバプティスト派の最大勢力とされているサザンバプティスト教会が本拠地を置く町とあって、プロテスタントから枝分かれした数多ある宗派の中でも、バプティスト派が高い普及率を誇る地域だった。例に漏れず、デール氏の一家もバプティストを信仰していた。

政治と宗教は、新しく知り合った人とは避けるべきタブー性を孕んだ話題だけど、その地域の住民の深いところまで知ろうと思ったら、やっぱり避けては通れない要素だと思う。外国人で、ただ遠くからやって来た通りすがりの旅人、という私のアイデンティティは、むしろその殻を破るのに役に立つ。「外国人だから、きっと自分たちとは宗教観が違うだろう」という前提があるので、無理に勧誘されることはない。

かくして私は、文化交流の延長線として、デール氏の一家が毎週通っているという教会のミサに参列させてもらうことにした。

キリスト教の教会というと、お城のような外観で、中に入ると、パイプオルガンが響き渡っているような、そんな教会を思い浮かべる人がほとんどだと思う。だけど実際は、そういう教会ばかりではない。私が訪れたメンフィス郊外のバプティストの教会は、最大収容人数３０００人を誇る大規模な教会で、特に近代的な造りをしていた。そういう教会は別名、メガチャーチと呼ばれている。

メガチャーチは、何もかも近代的だった。ステージの中央に立つのは、揃いの衣装を着たコーラス隊ではなくて、流行りの洋服を着たバンド。ミサは、牧師の話と話のつなぎ目にバンドのライブソングが挿入される形で進行される。この歌の時間が凄まじかった。まず、ステージ正面の大きなスクリーンにボーカルの姿が映される。数台のカメラが寄ったり引いたりアングルを変えながらダイナミックな映像を映し出す。もちろん歌うのは賛美歌だけど、これが見事なアレンジでポップ・ミュージックになっていた。メンバーを照らす照明の動きもバッチリで、一人一人がキラキラ輝いて見える。歌詞の内容に意識を向けなければ、それはまるで、アイドルのコンサート会場にいるみたいな華やかな光景だった。

牧師も宗教的な衣装は着ておらず、普通のポロシャツを着ていた。聞いたところ、地元のニュース番組でアナウンサーを務めるほど影響力のある人だという。この牧師の講話がかなり強烈だった。興味本位ではあるけれど、私は今まで旅先でいろいろな教会を訪問して講話を聞いてきた。講話は、神の存在を信じるうんぬんに関わらず、道徳的な教えを得られることがある。だけどこのメガチャーチの牧師の講話は、今まで聞いたどれよりも鮮明に覚えている。なぜならアーメンの使い方が、ほかの教会では聞いたことがないものだったから。

アーメンという言葉はほとんどの場合、教会の講話やお祈りの後、結びとして一言添える形で使われる。アーメンとは、「神様のおっしゃる通りです」と、聖書に同意の意を示す言葉で、神様を賛美したり、人を祝福する意味がある。アーメンとは、人が神様に対して呟く言葉。人に向かって言うのは、教会の人が信者にお祈りをあげる時の結びの文句くらい。アーメンという言葉が人とコミュニケーションを取るために使われている場面は、今まで見たことが無かった。

それが、このメガチャーチでは、講話の節々で牧師が聴衆の信者に向かって、「そう思うでしょう?」と同意を表す意味で、アーメンを繰り返していた。聴衆も牧師の講話に「なるほど」、「確かに」と感じると「アーメン」をつぶやくので、講話の最中は会場内のあちこちからランダムに「アーメン」のつぶやきが聞こえてくる。中にはアーメンと発言する際に勢いよく挙手をする人もいた。

牧師も、序盤は落ち着いたトーンで「アーメン?」と静かに質問を語りかけていたのが、講話が盛り上がるにつれて熱を帯び、「アーメン!?」という激しい口調に変わっていった。その度に、集まった聴衆はまた「アーメン!」と語気を強めて声を返す。チャーチの中は、牧師と信者の間で白熱したアーメン合戦が繰り広げられている状態だった。アーメンに疑問符がくっついているのを聞いたのも初めてだったし、牧師と信者の間でアーメンの掛け合いが行われている場面を見たのも、この時が初めてだった。

ある晩、夕食のデザートを食べながら、デール氏の奥さんが私に聞いた。「私は小さい頃からずっと、神様って何だろう、って自問自答してきた。あなたはどう?」。私は正直、そんなこと、あまり考えたことがなかった。奥さん曰く、神様というのは全知全能の完璧な存在で、私たち人間は少しでもその完璧な状態に近づくために聖書を読み解いて、そして聖書の教えに基づいて生きていくのが正しい生き方なのだという。奥さんの人生は、全てそれをモットーに生きてきた。

でも私は奥さんの言う「完璧」という言葉が引っかかって、少し意地悪な質問をしてみた。「進化論について、どう思いますか？」。進化論に基づくなら、完璧な生命体というのは存在しない。形質の変化はランダムで、その中で環境に適応したものが生き残っていく。そこには良いも悪いも、強いも弱いも、存在しない。進化論は、一つ一つの個体に対する論理というよりも、種の人口全体が長い年月の中でどのように推移していくのかに着目している。だからそれを個人の信仰についての議論に当てはめようとするのは、ナンセンスだったと思う。でも私は、一つの完璧な状態を信じて目指す彼女の目に、進化論はどう映っているのか気になった。

彼女の答えはこうだった。「大事なのは、一人一人の心。人の心が介在しない進化論は科学的な仮説であってもリジェクト、却下よ」。彼女の言葉は、自分が一人の人間として実生活で道徳的にどんな良い行いをするべきなのか、突き詰めた末の答えだと思う。

私は、カトリックの家庭で育っている。といっても、カトリックの家庭にしては珍しく、母は私に信仰を強要しなかった。教会だって毎週欠かさず通っていたワケじゃない。私にとって教会とは、気が向いた時にたまに訪れて、何となく気持ちをリフレッシュさせる場所。例えるなら、大して信心深いワケでもないのにお寺や神社にお参りに行くのと同じ感覚。

だけど私自身、昔は教会コミュニティに大いにお世話になった。母が末期ガンになってもう緩和ケアしかなくなった時、「実家に帰りたい」と言ったのだけど、家にお金がなくてニッチもサッチも行かなかった。そんな時、募金で工面してくれたのは、通っていた教会の人たちだった。近しい知り合いの話では、母は生前、「I'm isolated（私は社会から孤立している）」とたまに寂しそうに呟くことがあったらしい。そんな母の唯一の心の拠り所は教会で、神様を信じる心の強さは、苦しい治療に耐える闘病中の姿に現れていた。

人は完璧じゃない。

生きるためには救いが必要で、みんな何かにすがって生きている。

7 クラークスデール

出発から56日目の朝は、天国に一番近いと言われる島で迎えた。「The closest to heaven is island 67」これはミシシッピを下る人たちの間で語られる言葉。アイランド・シックスティセブンは白い砂でできた小さな島で、真ん中に1本だけ、細い木が生えている。神秘的な島だった。

ミシシッピ川には時々、こういう素っ裸の砂漠みたいな島が浮かんでいる。だけど島の多くは水面ギリギリに浮かんでいるだけで、高さがほとんどないので、川の水位が増すと川の底に沈んでしまう。グーグルマップにも島としては認識されていないので、上陸してグーグルマップを開くと、現在地点を示す青い丸が何もないミシシッピ川の水の上に表示される。気分はまるで、座礁船。

川の地図、リバーチャートを確認すると、ミシシッピ川の無人島の中にはほかにもこうやって名前にただ単純に番号が振られただけの島がたくさんあることがわかった。これはミシシッピ川が開拓されて初めて詳細地図が記された時、無人島があまりに多かったので、名前をつけるのは諦めて、単純に見つけた順番に番号を振っていったことに起因しているらしい。アイランド・シックスティセブンもその一つだった。

だだっ広い砂浜の上にポツンと一軒、自分のテントだけが建っていると、すごく贅沢な気分になる。日陰も薪も何もない島だけど、朝日と夕日は全て独り占めできる。

何もない野営生活はむしろ最高に贅沢だった。

天国がもし本当にあるとしたら、それはきっと、欲しいものが何でも手に入るような贅沢パラダイスなんかではなくて、何もない場所なんじゃないかと思う。何もないことで満たされる幸せが、天国なんだと思う。

私は、次の町クラークスデールで名物リバーエンジェルのジョン氏と会う約束をしている。待ち合わせ場所の船着き場を目指してぐんぐん漕ぎ進めたが、この日はとにかく暑くて、頭がガンガンしてきた。熱中症だった。一人っきりで倒れたら、本当に天国に行きかねない。

日中は川に浮かんでいると、日陰がない。体が熱でおかしくなったら、川に浸かって体を冷やすしかない。私は川に飛び込んだ。

フラフラになりながら船着き場のスロープにカヤックを停めて、全身びしょ濡れのまま、すぐ脇の道路に横になる。そうやって自分の周りにできた水たまりが乾き始めた頃、遠くの方から砂埃を上げながらトラックがやって来て、中から怪しい男が出てきた。ボタンを外したアロハシャツに胸毛をのぞかせて、サングラスをかけている。足元は、裸足だ。帽子を取って、会釈してきた。その男こそ、ジョン氏だった。リバーエンジェルは川を下るにつれてキャラが濃くなっていくようだ。

ジョン氏はクーラーボックスを取り出すと、私に尋ねた。「ビールにする？ レモネードにする？」。普段ならもちろんビールと答えるところを、この日はレモネードを頂くことにする。熱中症にはレモネードがよく効く。レモネードはジョン氏の手作りだった。アメリカのジュースにありがちな砂糖水みたいな飲み物とは違う。むしろやや塩気を感じるくらいで、レモンの皮の香りが鼻を抜けていく。レモネードに浸かった隠し味のローズマリーの緑色が、レモネードの黄色と対比して、見た目にも香りにも爽やかな大人のレモネードだった。

レモネードがゴクッと喉を通る度、体の元気バロメーターが上昇していくのを感じる。ふと気がついたら、ジョン氏の姿が消えていた。あれ、と思ってあたりを見渡すと、綺麗な足跡が向こうの方へ伸びている。川へ目をやると、上流の方からバタフライで泳いで下ってくるジョン氏の姿が見えた。

ミシシッピ川であんなに大胆に泳ぐ人は、初めて見た。というか、ミシシッピ川に全身を浸す人間は、私を除いては初めて。そうか、暑い時は、川に浸かるだけじゃなくて、ああやってプールみたいに思い切り川で泳いでも良いんだ。衝撃的な気づきだった。私も、上流の浜まで小走りで行って、川を数百メートル泳いで下ってみることにした。爽快な気分だった。「君の泳ぎはビーバーのようだ」という、未だかつて聞いたことがない褒め言葉も彼から頂いた。

ジョン氏の自宅があるクラークスデールは、ブルース音楽の本場として知られている。ジョン氏はそこでカヌーのツアー会社を営んでいて、川下りの旅人の間では、クワパオハウスの相性で親しまれている。

クワパオとは、ネイティブ・アメリカンの言葉で、「川の下の民」を意味する。ミシシッピ川に流入する大きな川の一つ、アーカンソー川の麓に住む彼らが自分たちのことをクワパオと呼んでいたらしい。ジョン氏が住むクラークスデールの町は、ちょうどアーカンソー川の手前にあるので、それにあやかってクワパオハウスを名乗ることにしたらしい。

「They call themselves Quapaw, and you are Quapaw too（今こうやって川を下っている君もクワパオなのだ）」と彼は言った。

クワパオハウスの中は、ジョン氏のアトリエにもなっている。ジョン氏はカヌーで旅をする時、必ず紙と鉛筆を持って行く。現地で下書きをして、それをクワパオハウスに戻って彩色するのがルーティン。時には、水彩絵の具を持って川に浮かび、カヌーに乗ったまま、筆先を川に浸しながら絵を描くことも。たくさんある小部屋にはそうやって書き上げた絵が乱雑に詰まっていて、廊下には極彩色の絵が並んでいる。家の外へ出れば、外壁が青と黄色の渦巻き模様に塗られている。クワパオハウスで絵を見ない場所はない。エキセントリックな家だった。

ジョン氏には絵画のほかにもう一つ、趣味があった。家庭菜園だ。クワパオハウスの広い裏庭に、ありとあらゆる夏野菜やハーブを植えていた。

ジョン氏曰く、ミシシッピ川は大昔、今では考えられないほど広く浅く広がっていて、もともとはこの一帯も川の底に沈んでいた。養分を豊かに含んだ泥が、長い年月をかけて溜まってできた土地なので、植物を育てるのにピッタリだという。彼にとって家庭菜園とは、ただ野菜を育てて食べるということではなく、その土地と共生している象徴だった。フルーツみたいに甘いミニトマト。ぷっくり太った丸いナス。表面がトゲトゲした立派なキュウリに、顔みたいに大きなツルナシカボチャ。それからたくさんの葉物野菜も食べ頃だった。

野菜の収穫は、忙しい。ジョン氏は裸足が大好きで、ドアの前にアメリカサイズの巨大なアイスクリームの空箱を置いて、そこに貯めた水で足をジャバジャバ洗っては、畑とキッチンを忙しく往復していた。収穫した野菜は、氷水を張った金属のボウルに浮かべる。それぞれの野菜の色がボウルの中で反射して、混じって見える。アートなのは、家だけじゃなくて畑の野菜もそうだった。

夏野菜はどんどん育つ。毎朝収穫しないと、熟れすぎてダメになる。だから食べ切れない分はピクルスにする。ジョン氏の家には冷蔵庫が2台あって、1台はピクルス専用になっている。夏に漬けたピクルスは、1年かけて食べるらしい。一口にピクルスといっても、いろんな種類がある。ハンバーガーのピクルスはキュウリのピクルスだけど、ほかにもトマトのピクルスや、いろんな色のピクルスが瓶に入って並んでいる。色とりどりの瓶が並んだ棚は、理科室みたいだった。一番美味しかったのは、キムチ。キムチといっても、シソの味が効いた紫色のキムチ。上澄みのピクルスの液をちびちび飲むのが美味しい。発酵が進んでいて酸っぱいのが癖になる。

アメリカ人は、ピクルスの液をいろんな料理に活用する。ウイスキーをピクルス液で割ったカクテルも、バーの定番メニュー。塩分をたくさん含んでいるので、熱中症予防に飲むこともある。ビーチへ行くと、焼きそばやたこ焼きみたいに出店でピクルスが売っていて、飛ぶように売れていく。

日本の漬物は何となく見た目が渋くて年寄り臭いけど、アメリカの漬物は派手だ。日本食は恋しいけれど、アメリカの食べ物も、個性的で好きだ。

ジョン氏の毎日の暮らしは、細部までとにかく個性的だった。彼を見ていると、クオリティオブライフについて考えさせられる。高層ビルのジャングルの中、近代的で便利な生活を維持するために休みなく働いて、神経をすり減らしながら暮らすのか。それとも、多少不便でも、そこそこの収入だけ確保して田舎でのびのび暮らすのか。本当に幸せなのは一体、どっちだろう。

無人島でのキャンプ。
景色も何もかも独り占めだ

8 ミシシッピデルタ

クラークスデールの町は、ミシシッピデルタと呼ばれる地域に含まれている。ミシシッピデルタは別名、ザ・ディーペストサウス、南部の中の南部、地球上で最も南部的な場所、などなど、たくさんの学者や物書きたちがその独特の文化を表現している。そして、白人によるネイティブ・アメリカンの土地の侵略、農園での奴隷労働などの歴史的背景から、人種差別の負の遺産が垣間見える地域でもある。

ミシシッピデルタが含まれているミシシッピ州は、全米50州の貧しい州ランキングで常に上位にノミネートされている。ミシシッピ州全体としての人口は白人が大多数を占める中、ミシシッピデルタに含まれる町の多くは、黒人が圧倒的マジョリティを占めている。先祖をたどれば、奴隷のルーツを持つ人たちだ。

アメリカでは、家の手入れの良さは、そのままその人の収入階級を反映すると考えられている。そして、ミシシッピデルタの住宅街は、事実、手入れが行き届いていない家が多かった。アメリカ版の生活保護制度であるフードスタンプの受給率も極めて高い傾向にあり、多いところでは住民の4割が受給している地域もある。ミシシッピ州内では、デルタ地域とその他で圧倒的経済格差が発生している。

州内の黒人地域と白人地域の差は政治にも現れていて、黒人地域のミシシッピデルタではデモクラッツ（左翼派）が支持されている一方、ミシシッピ州でもデルタ地域外の町では、リパブリカン（右翼派）が強く支持されている。

政治のことで周囲と対立するのはエネルギーを消耗するから、その地域で何が支持されているかあらかじめ知っておくのは、旅先での衝突回避に重要。特に、地域住民と深くコミュニケーションを取りたいならば、なおさら。

クラークスデールの代名詞ともなっているブルース音楽は、その昔、黒人たちの間で生まれた、差別と貧困に対抗する活気溢《あふ》れる音楽。白人と黒人、当時は相容れないコミュニティの中、相互に影響し合いながら発展を遂げた、貴重な文化だ。ブルース音楽マニアの間ではクラークスデールは聖地とされていて、町のあちこちにブルース音楽が聴けるバーが並んでいる。

しかし残念ながら、時は新型コロナ感染拡大期。店は軒並み閉まっていて、音楽は何も聞こえてこない。アメリカ最大の祝日、ジュライフォースの独立記念日も、例年なら花火やバーベキューで町中が沸くはずなのに。この年は不気味なくらい、町が静かだった。

川に浮かんでいる間はソーシャルディスタンスの極みのような生活をしているから、つい、世間の危機感に疎くなる。たまに町に上陸して、リバーエンジェルと交流してやっと、世間の混乱を思い出す。

新型コロナの猛威は、奴隷制度を背景にした暗い歴史の中でも常に賑やかだったブルース音楽をも黙らせた。

沈黙のクラークスデールに、いつの日か再会することを誓い、また川に戻る。

デール氏の自宅風景。私が木の上にいると
「私の娘も、子供の頃はよくこの木に登っていたんだ」と懐かしそうに目を細めた

デール氏の庭で採れた色とりどりの野菜たち

9 ヴィックスバーグとヤズー川の今昔

ミシシッピ川を下る旅人の定番立ち寄りスポットの一つとして知られるヴィックスバーグは、実はミシシッピ川に面していない。ミシシッピ川に流入するヤズー川を、上流へ向かって流れに逆らって2キロ漕いでやっと船着き場が見えてくる。何でミシシッピ川沿いではなくわざわざこんな不便な所に船着き場を作ったのか。ぐちぐち文句を垂れながら、ヴィックスバーグの町を目指して漕いだ。

船着き場に着くと、モーターボートのおじさんに話しかけられた。「どこから来たの？」、「どこへ行くの？」。それは旅に出てすぐ、カンザスシティで聞かれたのと同じ質問。あの時は、メキシコ湾は途方もなく先で、現実味が全くなかった。本当のことを言って馬鹿にされるのが怖くて、適当に行き先をはぐらかして答えていた。だけど今は違う。もう2000キロ以上漕いで来たのだから、自信を持ってネブラスカからメキシコ湾を目指して漕いでいるのだと答えられた。私の貧相なカヤックを見て、「気をつけてね」なんて呆れ気味に言われるのも、もう慣れた。ここまで漕いで来たのだから、私はきっと大丈夫。

この町では、メンフィスの有名人、デール氏がミシシッピ川下り最高齢記録に挑戦した時のチームメンバーの一人と待ち合わせている。レーン氏だ。私は彼と合流してすぐ、どうして町で唯一の船着き場がこんな不便な所にあるのか尋ねると、驚きの答えが返ってきた。何と、ヴィックスバーグの町は創立当初、ミシシッピ川に面していたらしい。しかしその後、ミシシッピ川の形が変わり、ある時、町はついに川から切り離されてしまった。1876年の春の出来事だ。

船と町をつなぐ水路を失ったヴィックスバーグは、その後25年間に渡る大規模工事の末、ヤズー川沿いの運河を町に通すことに成功。ミシシッピ川に続く水路を無事に取り戻し、船が行き来できる現在の姿になったという。「ヒーヒー言いながらでも、カヤックで上陸できるのはヤズー川のおかげなんだから、感謝しろ」とたしなめられた。そういえば、ジョン氏は、形が違う何本ものクネクネした線を使ってミシシッピ川を描いていた。あれはただの奇妙な抽象画とは違う。線の一本一本が、昔の川の形を表している。数百、数千年という歴史の中で形を変えてきたミシシッピ川を一枚の絵に収めた作品だった。

ミシシピッピ川は、生きている。常に形を変えながら、動き続けている。

そして、川は人々の生活を支えてくれることもあれば、生命を奪うこともある。ヴィックスバーグの船着き場の壁には、歴代の洪水の水位が示されている。ビルの3階くらいの高さの線が、いくつも引いてある。川沿いの町は昔、洪水に飲み込まれるリスクと共存していた。水没を避けるため、この町の建物は、全て高台に建てられている。町がずっと川に接して存在しているのは当たり前というよりは奇跡みたいなもので、たくさんの工夫の上に成り立っている。

私がヤズー川を遡ってまでヴィックスバーグの町に来たのには、大きな理由があった。それは、日本から送られて来たピカピカのキャンプ道具を受け取ること。実は数週間前、とてもありがたいことに、ＳＮＳを通して私の旅を知ってくれた日本のアウトドアセレクトショップ、マウンテンマン様からテントなどキャンプ道具を送って頂ける話になった。だけど連絡を頂いたのは川下りの旅の真っ最中。

これから行く先に知り合いなど誰もいないし、一体誰宛に荷物を送ってもらうべきなのかデール氏に相談したところ、ヴィックスバーグのレーン氏を紹介してくれた。リバーエンジェルは、一人さえ繋がれば、残りのミシシッピ川全域に住んでいる全てのエンジェルと繋がったも同然の強靭なネットワークだった。

子供の頃は、自分宛に届く箱といえば、プレゼントだった。だけど大人になってから自分宛に届く箱といえば、もっぱらネット注文した箱ばかり。善意で届く楽しみな箱なんて、いつぶりだろう。箱の中身はテント、ハンモック、飯ごうみたいな形をしたオシャレなコップ、などなど。トランプの箱のようなものも混じっていて、折りたたみの焚き火台だった。組み立てるとちょうど、鍋が一つ乗るくらいの大きさ。小枝を差し込むための穴が下に空いている。これを使えば、大きな薪をたくさん拾ってこなくても調理できる。かなりの優れものだった。

私がここまで使ってきたテントは、ホームセンターで3000円。素材はビニールシートみたいにゴワゴワしていてかさ張るし、出発3日目で壊れたポールは、あのアスパラみたいな植物で補強したまま使っている。もう2ヶ月も経ったので、元は緑だったアスパラも、今はすっかり乾燥して茶色く変色している。それにひきかえ、新しいテントは雨具みたいにコンパクトで、ペグとポールはリュックに入れ忘れても気がつかないんじゃないかと思うくらい軽かった。ピンッと綺麗な三角形に張られたテントを見て思い出す。テントの形って、こんなにカッコ良いんだ。私のテントはポールが壊れているせいで、いつもちょっと歪んでいたから、テントの本来あるべきシルエットを忘れかけていた。

私の今までのキャンプギアがロースペックすぎたのか、それとも最新のキャンプギアがハイスペックすぎるのかわからない。私はもとはと言えば、ホームレスになったから、テントに住むことにしたような女だ。それがいきなり急に、こんな便利な道具に進化するなんて。贅沢すぎて、何だかバチが当たりそうだ。

私の道具がショボいのは、キャンプギアだけでなく、パドルもだった。私のパドルを持ったレーン氏が、急に変な裏返った声を出した。「え、これ重くない!?」。私は「いやいや、これでもう2000キロくらい漕いで来たし」なんて返しつつも、その辺に乱雑に積んであったレーン氏のパドルから1本掴んで持ってみた。それはカーボン製で、羽根のように軽かった。彼のどのパドルを掴んでも、自分のパドルを持った後だとまるで何も持っていないみたいに軽かった。

こうやって持ち比べて気がついた、自分のパドルのショボさに。私のパドルは、持ち手部分に相当するシャフトが金属製で、そこにプラスチック系のブレードがくっついている。レーン氏のカーボンや木のパドルと比べると、ずっと重い。しかも、ブレードは普通、効率よく水が掻けるように羽のような形をしている。だけど私のパドルは平たくて、まな板みたいな四角い形。「よくこんなパドルでここまで漕いで来たね」。そう言われてみると、全くその通りだ。だけど私は今まで、ボロいテントも重いパドルもそれが普通だと思っていた。「まあ、こんなもんか」とただ受け入れて、それがショボいかどうかなんて少しも疑問に思わなかった。レーン氏が、必要であればパドルを安く売ってくれるという。

だけど、旅は道連れ。今日ここまで毎日8時間くらい握ってきたパドルを、今さら買い替える気持ちにはなれない。新しいテントとピカピカのキャンプギアだけをカヤックに詰めて、私は心機一転また川へ戻った。

10 ミシシッピ川はどこへ行く

成功とは、まずゴールを決めて、そこから逆算して取り組むのが秘訣というけれど、川旅に関してはそうとも限らない。実は私は、3000キロ漕いでメキシコ湾まで行くとは言ったものの、それはかなりざっくりしたゴールで、具体的にメキシコ湾のどこをゴールにするかを決めずに旅に出た。

ミシシッピ川からメキシコ湾へ出るには、二つの大きく異なるルートがある。最もオーソドックックスなのは、このままミシシッピ川を最後まで下り切るもの。ニューオリンズの先、ミシシッピ川の河口まで本流を下ったら、そのままサウスパスという汽水域の湿地帯を漕ぎ進めてメキシコ湾へ出るルートだ。そしてもう一つは、ニューオリンズの手前で水門を通り、アチャファラヤ川を漕ぐルート。どちらのルートを選ぶかは、ミシシッピ川を下ってメキシコ湾を目指す旅人みんなが迫られる、もっとも悩ましい選択。どっちを選んでもメリットとデメリットがあるけれど、正直どちらが人気かといえばアチャファラヤ川らしい。

アチャファラヤが人気なのには理由がある。まず、このルートはサウスパス経由と比べ200キロ近く距離を短縮できる。それから、ミシシッピ川の最後には、アメリカ工業汚染の象徴的な大規模工場地帯がある。わざわざそんなところを漕がないで、自然を楽しむ方が良いのだと経験者は語る。そもそもミシシッピ川は本来、ニューオリンズ方向ではなくて、アチャファラヤ川に逸れてメキシコ湾へ注ぐのが自然な流れらしい。放っておけば数百年もしないうちに、ミシシッピ川の流れは全てアチャファラヤ川へ逸れて、ニューオリンズを含む下流の大都市からミシシッピ川が消滅する。もしそうなれば、アメリカの物流が大打撃を受けてしまう。だから、ミシシッピ川がアチャファラヤ川に分岐する地点には、大掛かりな水門が建てられていて、無理矢理に川の流れをせき止めている。ミシシッピ川最下流域の川の形は、人工的に矯正して何とか維持されている状態。そんなニセモノの川を漕ぐのではなく、本来ミシシッピ川が行くはずのアチャファラヤ川を漕ぐのが、真の川下りの旅人なのだと強く主張する人もいる。

一方で、ミシシッピ川を河口まで下り切り、その先の湿地帯を漕ごうという人たちにも言い分はある。ミシシッピ川流域に広がる町の繁栄とその歴史は、19世紀初頭にルイスとクラークの探検隊が川を開拓したことに由来している。だからアチャファラヤ川などよそへ逸れずにミシシッピ川を最後まで漕ぎ切ることこそが、伝統あるルート。これは別名、クラシックルートとも呼ばれる。何より忌み嫌われている大規模工場地帯も、全てミシシッピ川のリアルな一部分なのだから、それを見ずしてミシシッピ川を語ることはできない。

両者ともに、一理ある。と、いうよりも、両方のコースを漕いだという人がいないので、実際にどちらが良いのかを客観的に論じられる人がいない。私にとって、ニューオリンズ方面へ漕ぎ進める上での懸念事項は、ただ一つ。大都市を通る分、アチャファラヤ川に比べると自然が少なくなってしまうこと。そしてそれは、つまり、川に住むワニに出会えない可能性があるということ。これはとても大きな問題だった。私は無類の爬虫類好き。ミシシッピ川に生息するミシシッピワニ、つまりアメリカアリゲーターを見ずに旅を終えるのだけは、嫌だった。

ミシシッピ川の下流域の温暖な地域には、ワニがたくさんいる。狩猟シーズンにもなれば、狩りをするためのボートで川が混雑する。だけどいくらたくさん生息しているからって、工業開発が進んでいるミシシッピ川本流の最下流域でワニを見ることは、さすがに無理だろう、というのがもっぱらの前評判だった。ワニを確実に見たいのなら、アチャファラヤ川へ進むのが安全パイだった。

ワニは絶対に見たい。でも、ミズーリ川の大自然で始まった川下りの旅のフィナーレとして、ミシシッピ川の工業的な川の景色も見てみたい。どちらを選ぶか本当に悩ましかった。悩んだ末、今決め切れないことを無理に決める必要はないと開き直った。アチャファラヤの分岐に着く前にワニが見られたら、そのままミシシッピ川を下り切る。もしワニが見られなかったら、アチャファラヤ川でワニを探しながらメキシコ湾を目指す。私は、決断をギリギリまで先延ばしにした。

地域の自然に詳しいカヤッカーから、オススメのワニ観察スポットをいくつか伝授してもらった。教えてもらったばかりのワニ観察のイロハを頭の中で反芻《はんすう》して、ドキドキ、ワクワクを高めながら、私はまた川へ戻った。

11 野生のワニ

念願だったワニとの出会いは、思いの外すぐに実現した。ヴィックスバーグで授かったアドバイスの通りに漕いだら、一匹どころじゃなく、何匹も現れた。これからミシシッピ川を下ってワニを観察しようと思っている全国のあなたのために、ここに記しておく。

まず、ミシシッピ川のワニのほとんどは、本流にはいない。本流から分岐して流れる穏やかな細い川に生息している。地図上でオールドリバーやバイユーと書かれている水路がそれだ。オールドリバーとは、ミシシッピ川に浮かぶ大きな島の後ろを囲んでいる水路のこと。ミシシッピ川の本流からオールドリバーに逸れて、そのまま最後まで漕ぎ切ると、またミシシッピ川のどこかに合流する。もともとオールドリバーは、太いミシシッピ川の本流の一部分だった。それが、長い年月の中で土砂が堆積し、川の途中に島が形成されることで、本流の一部が分断される形で一本の新しい水路が生まれ、オールドリバーとなる。

そしてバイユーとは、主にルイジアナ州やミシシッピ州で大河や湖に注ぐ小川を指す言葉で、とにかく流れがゆっくりなのが特徴。ワニは昼間、こういう穏やかな川の岸に溜まった泥や、湿った地面の上で日向ぼっこをして、夜になると、狩りのために川に浮かんで獲物を待つ。ワニの目は、夜、わずかな光を反射して赤く光る。時期と場所によっては、灯籠流しみたいに、水面に無数のワニの目が浮かぶらしい。

ワニは夜行性なので、真っ昼間に川に浮かんでいることはあまりない。カヤックに乗って探すなら、狩りを終えた早朝が狙い目だった。とにかく、ミシシッピ川を下る途中で、穏やかに流れる支流の入り口を見つけたら、行って漕いで偵察するのがワニを見つけるための一番のコツだと聞いた。また、ミシシッピ川のワニは大きな物音に敏感で、臆病な性格のものが多い。よって、プレジャーボートが多く行き来する土、日曜ではなく、平日の静かな時間に行くとなお良い。

私が見つけたのは、トゴ島の裏を流れる小川。ミシシッピ川の水位が高い時だけ、島の裏の水路とミシシッピ川が繋がって、島の外周を漕ぐことができる。ここは、ヴィックスバーグから最も近いワニの人気狩猟スポットとして知られる。トゴ島の林は、根元が水に沈んでいて、マングローブのようになっている。ミシシッピ川南部の水際に生える木は、水位が高い時はこうやって水に完全に浸かってしまうことがあるので、水に強い性質がある。調子に乗って、林の間を縫うようにカヤックを漕いで遊んでいたら、あちこち座礁してしまった。フォールディングカヤックのボディを万が一、破いてしまったら、一大事。川の中にワニがいるかもしれない。あまり調子に乗らない方が良いけれど、そんなスリルもちょっと楽しい。

ところで、ワニというとまず人喰いのイメージがある。しかし、ワニにもいろいろ種類がある。人喰いで有名なのはナイルワニやイリエワニで、クロコダイル属に分類される。クロコダイルは、アメリカでは基本的にフロリダにしかいない。一方、ミシシッピ川にいるワニはアリゲーター属に分類されるもので、人を襲うのは稀とされている。見た目こそクロコダイルそっくりだけど、用心深い性格で、ほとんどの場合、人を見ると襲うのではなく逃げて行くらしい。というワケで、ワニがいる小川でカヤックを漕いでも安全上問題はない、というのが地元カヤッカーの見解だった。

よく考えてみたら、英語には「ワニ」という言葉がない。日本には野生のワニがいないので、ワニっぽい形の生き物を総括して「ワニ」と呼ぶことに何の違和感もない。けれど、性質の異なるアリゲーターとクロコダイルが生息しているアメリカでは、その両方をまとめて呼ぶことができる「ワニ」に相当する単語がない。クロコダイルなのかアリゲーターなのか区別して、どちらか一方を選んで使用している。

とはいえ、アリゲーターも成長すれば体はかなり大きくなるし、歯もいかにも凶悪な見た目で、万が一襲われたらひとたまりもない。噛み殺されなかったとしても、水の中に引き込まれたら、きっと二度と浮かび上がって来られなくて死ぬだろう。それに、アリゲーターは驚いて逃げる時、尻尾を思いっ切り水面に叩きつけるようにして潜る。もしその尻尾がカヤックに当たったら、間違いなく転覆する。ミシシッピ川でワニを見つけても、むやみに近づいたり、刺激するのはご法度だった。

アリゲーターがいる川をカヤックで下るのは、熊がいる山の中を歩くのと似ていると思う。そこに猛獣が生息しているということもわかっているし、襲われたらひとたまりもない。けれど行かないという選択肢はなくて、できる限りの対策だけして足を踏み入れる感じ。もし本当に出くわしても、慌てず騒がず刺激しないのを心がける感じ。

猛獣といえば、昔、アラスカの山の中でグリズリーに出くわしたことがある。バックカントリースタイルのトレッキングの最中で、丘がいくつも繋がった稜線の上、大きく開けた気持ちの良い場所にテントを設営して、デイパックだけ背負って周囲を歩き回って探索した。

そこはツンドラの土地だった。地下は永久凍土で、一年の間の暖かい季節にだけ表面に水が浸み出すと、地面を背の低い植物が埋め尽くす。踏むとスポンジみたいにフワフワ反発する苔の上を歩いたり、野牛のブルーベリーを拾いながら歩いたり。あちこちに広がっている赤や黄色のコケは、まるで紅葉が地面に咲いたみたいに鮮やかだった。そうして丘のてっぺんまで登って顔を上げると、同じツンドラの景色が見渡す限りどこまでも続いていた。

しかし景色を堪能するのもそこそこに、突然、雨が降ってきて、慌ててテントに引き揚げることになった。すると、向こうの方に大きな茶色いモコモコした生き物が3匹動いているのが見えた。最初、それを見た時は、山羊の類だろうと思って気にしなかった。だけど、そのままテントがある方角に向かって足を進めると、やっぱり次の丘のてっぺんからもその茶色いモコモコが見えた。どうやらそれは、私たちと平行を保つ形で同じ方向に向かって移動しているようだった。

アラスカの森では食べ物や、歯磨き粉など匂いのする物は全てベア缶と呼ばれる熊でも開けられない丈夫な密閉容器に入れる。ベア缶は、テントとは少し離れた場所に置いて隠してある。茶色いモコモコは、どうやらそれを嗅ぎつけたらしい。もしかして熊かな。いや、まさかそんなワケないでしょう。健脚の友人はそう言いながらズンズン先へと進んで行く。そして、テント前の最後の茂みを抜けたところで見てしまった。子熊を2匹も連れた、大きなグリズリーの姿を。

グリズリー母さんは突然現れた私たち人間にびっくりして仁王立ちになった。2メートル以上ある、大きな熊だ。大きい爪の形がはっきり見えて、あー、人間って、弱いんだなって思った。

友人は半分パニックになり、両手を上げてクルクル回りながら慌てて走って引き返してきた。熊撃退スプレーは、彼が持っていた。カプサイシン配合の強力な唐辛子スプレーで、誤って人間に噴射すると病院送りもあり得る。密閉した袋に入れないとバスにも乗せてもらえない代物だ。だけどこういう時、彼ならきっと、慌てて噴射口を自分の方に向けて構えるんだろうな。とっさにそんな絵が頭に浮かび、彼の手元を確認した。案の定、噴射口は熊ではなく自分の方を向いていた。噴射する前に気がついて良かった。幸いなことに、このグリズリー親子は私たちを見るとすぐに踵《きびす》を返して遠くの方に逃げて行った。

月並みな言葉だけど、大自然で野生の動物に出くわすと、自分がいかに小さくて、脆《もろ》い生き物であるかを再認識して、怖くなる。これは、アラスカでもミシシッピ川でも同じこと。だけど、自分はもうすでに、ミシシッピ川の野生の中に浮かんでしまっている。

今は、ポツンと一人旅を楽しむ以外、私にできることはない。

ワニとの出会いに戻ろう。

水路を静かに漕ぐと、楕円形の流木が浮かんでいるのを見つけた。何となくジッと見ていたら、急に沈んで見えなくなった。そして10秒くらいして、少し離れた場所にまた浮かんできた。それは、川の流れに対して垂直方向に移動していた。おかしい。そんなこと、あるワケがない。流木がひとりでに川を横切るなんて、ありえない。よく見てみると、その流木は、何だかワニの頭みたいな形をしている。もともとワニを探してこの水路に来たワケだけど、いざ本当にワニがそばにいるかもしれないとなると、緊張する。静かにジッとしていると、自分の心臓の音がうるさい。変な汗まで出てきた。

川の流れにそのまま身を任せて、近くを通り過ぎると、やっぱりそれは本当にワニだった。1匹見つけた後は、もう1匹、また1匹と、何匹もワニを見つけるようになった。初めのうちは、息をこらえて観察していたけれど、あまりにたくさんいるので、写真を取り逃がしてもそれほど凹まなくなった。

ワニを見つけるコツは、ゆっくり静かに漕いで、水面に目を凝らし、川の流れと違う方向に進んで行く流木のような物を探すこと。ワニの頭は、遠目に見ると、焦げ茶色の流木の端がわずかに水面から顔を出して浮かんでいるようにしか見えない。だけどそれが流木じゃなくてワニだったら、ほかの漂流物とは明らかに違うスピード感で流れたり、あるいは不自然に静止していたり、動きに意思が現れてくる。

人生の中で、野生のワニと出会える日が訪れるなんて。本当に嬉しい。

ミシシッピ川にも確かにワニは生息しているということがわかった今、アチャファラヤ川へ逸れる必要はない。私は安心して、このままミシシッピ川を最後まで漕ぎ切ることに決めた。

12 ナチェズと剥製職人

ミシシッピ川は、人生に必要なものを全て運んで来てくれる。

いつだったか、リバーエンジェルにそう言われた。私に必要なのは就職先だ、とボヤき気味に返したら、そのエンジェルは「仕事だって、川が導いてくれるのさ」と答えた。全く、エンジェルの人生観はやたらポエミーでロマンチックだけど、全然現実的じゃないな、なんてあの頃は思った。でも、エンジェルの言葉は本当だった。

私はナチェズの町で、思いがけずある人物と出会い、その仕事に一目惚れをしてしまった。

ナチェズに着いたその日、私は水と食料が尽きかけていて、どうしてもスーパーマーケットへ買い出しに行かないといけなかった。それなのに、グーグルマップは、ナチェズの町の船着き場の近くにはスーパーはないと言う。船着き場のすぐ後ろには、高くそそり立つ崖があった。町の商店街は、どうやらその崖の上にあるらしい。しかし私はこの旅をしている間、一日のほとんどをカヤックの中で座って過ごしている。おかげで、足腰は入院患者並みに弱っていた。激烈な坂道を歩いて上って買い出しに行くなんて、絶対に嫌だし、無理だ。

そこで、船着き場に立っていた夫婦を見つけて、こう声をかけてみた。

「すみません、この近くにスーパーはありますか？」

近くにスーパーがないことは、聞く前から知っている。だけど、私みたいにこんなカヤックでいきなりやって来て、明らかに食料に困っている風の人が、スーパーの場所を聞いて「近くに店はないよ、諦めな」なんて返して立ち去るようなアメリカ人には出会ったことがない。彼らは絶対、「仕方ない、連れて行ってあげるよ」と言って、大きなピックアップトラックの助手席を指差すのだ。私の目論見は大成功だった。夫婦は私をスーパーへ連れて行ってくれた。しかもそれだけでなく、私がこのあとメキシコ湾まで行くつもりなのだと知ると、親戚中で応援してくれて、自宅に泊めてくれるという話にまでなった。私はこの旅を通してだいぶ、図々しい人間になってしまった。

家に向かう車中で、奥さんが言いづらそうに、こう口にした。「うちの旦那はTaxidermistだから、びっくりしちゃうかもしれないけれど……」。それは初めて聞く単語だったから、私は何の忠告を受けているのか、全くわからなかった。だけど、一歩、家の中に入って、納得した。家中の壁を埋め尽くしていたのは、無数の剥製だった。

旦那さんの職業は「Taxidermist」。それはつまり、剥製師。しかも、鳥専門の剥製師だった。特に鴨の剥製は、どれも動きの断片を切り取ったみたいな躍動的なポーズをしていて、本物よりも生き生きして見えるほど、美しかった。

アメリカの田舎ではハンティングが盛んで、釣りに出かけるみたいな感覚で、狩りに出かける。そして、狩りで仕留めた獲物をトロフィーとして飾る習慣がある。だから、剥製作りは今でも根強い需要があるという。旦那さんも、もともとは趣味で剥製作りをやっていたけれど、人に頼まれて作っているうちに、本業の警察官よりも剥製師の方が儲かるのではないかと気がついて、転職したらしい。

ちなみにアメリカ国内では渡り鳥保護法によって、ほとんどの場合、鳥の剥製の売買は禁止されている。だけどあくまで剥製師の仕事は、剥製を作ること。正当なルールに従って鳥を仕留めたハンターが直接、剥製師の元へやって来て、「これで剥製を作ってくれないか?」という具合に商談が進んでいく。これなら形式上、お客は剥製の完成品を買うためにお金を払っていることにはならない。そういう法律上の特殊性もあって、剥製師の間でも鳥を専門に扱う職人はまた少し別格の扱いを受けているそうだ。

旦那さんが仕事をしている工房で私も1羽、剥かせてもらえることになった。

鳥類は哺乳類に比べると構造が複雑かつ羽根がデリケートなので難度が高い。まず、お腹に一本線を入れたら、皮と筋肉をつなぐ膜を断つようにして刃を進めて胴体から皮を剥がしていく。首の骨は根元を断って、頭を掴んで真っ直ぐ引き抜くと、皮だけを残して首から上がするんと抜ける。鴨の皮を剥く時に一番難しいのは、肛門のあたり。肛門の近くに、臭い脂を分泌する腺があるのと、尻尾の骨はペンチでつまんで引き抜くので、コツがいる。

鴨せいろや北京ダックなどの鴨料理を食べてもわかるように、鴨は脂っこくて、皮下脂肪をたくさん蓄えている。この脂肪が残った状態で剥製にしてしまうと、完成した後に腐敗の原因になることがある。そのため、剥き終わった鴨の皮は、大きな回転式の金属ブラシに押し当てて脂肪を削り落とす。回転ブラシの勢いで削られた脂は全て自分の方に飛んでくるので、終わる頃には身体中が鴨の匂いになる。

鴨の足は、骨の髄が残っているといけないので、幼児の手芸用などに使われる針金のモールを差し込んで掃除する。足の水かきの開き具合は、足首から水かきの中心にかけて1本の針金を通して調整する。針金が筋の役割を果たして、足の形をキープすることができる。そして最後、乾燥して細く貧相にならないように、注射針で樹脂を注入してぷっくり仕上げる。

剥製は、誰もが見て気持ちよく感じるものではないのかもしれない。

動物の死骸を見ているようで気持ち悪いとか。剥製はハンティング文化と繋がっているから、野蛮で残酷だとか。現代社会において、剥製はポリティカリーコレクトに反した存在かもしれない。だけど、剥製というのは、本物のようで、実は大部分は偽物でできている。体の中は、鴨の形の人形が入っている。目玉はガラス玉、クチバシは樹脂でできた人工の物を使うし、そうなると、本物なのは、羽毛の生えた皮の部分だけになる。剥製に使わない肉の部分は、新鮮な場合には食用にすることもある。

剥製は、皮革材料を使った工芸品の一種だと私は思う。考えてみて欲しい。靴や、カバンや、財布。私たちは身の回りをたくさんの皮革工芸品に囲まれて暮らしている。

私の胸に募るのは、剥製師への憧れ。

メキシコ湾を目指す旅が終わったら、次は剥製職人の道を目指そう。どこか剥製工房を見つけて弟子入りしよう。そう心に決めた。

エンジェルが言った通り、ミシシッピ川は私に夢の仕事を届けてくれた。

13 南部の歴史は奴隷の歴史

「面白いところへ連れて行ってあげるよ」

剥製師のおじさんが声をかけてくれた。ナチェズをはじめとする南部地域の定番観光スポットは、プランテーション。これはその昔、ヨーロッパ諸国から渡ってきた白人の農園主が、広大な畑で綿花やサトウキビを栽培するために奴隷を買って働かせていた邸宅を指す。その多くは現在、レストランや観光施設として使われているが、買い取って個人宅として住んでいる人もいる。

私が旅を始めたネブラスカの人が歴史を語る時は、いつも、ネイティブ・アメリカンの話から始まる。それぞれ言語や文化が異なる独立した部族たちが、広大な自然を分け合って暮らしていたという話。彼らの多くは、私が今下っているミズーリ川とミシシッピ川沿いの地域に集落を形成していた。そこに西洋の開拓者が現れ、土地を追われ、虐殺に遭い、そして現在の白人中心のアメリカが形成されていったという話。ネブラスカで歴史を語る時、黒人に関するエピソードが触れられることはほとんどない。実生活でも、町で見かけることはあまりない。

一方、川を下ってアメリカ南部まで来てみると、その歴史はいつも、奴隷に関するエピソードから語られる。旧プランテーションの邸宅は、個人宅であっても町の歴史を伝える大切な観光資源なので、時々訪問者を受け入れてはツアーのように紹介することがある。知り合いが1人、旧プランテーションを改築して住んでいるということで、お邪魔させてもらうことになった。

建物は、どれもたった一家族が住むためだけに建っていたとは思えないくらい大きい。入り口には、ローマ風の白い石柱が何本も立っている。入り口を抜けるとすぐ、天井が吹き抜けになっていて、見上げるとシャンデリアが吊ってある。

私が子供の頃住んでいた東京の団地の近所に、シャンデリアを売る家具屋さんがあった。団地にシャンデリアなんて収まりっこないのに、だ。それは小さな家具屋さんで、不釣り合いに大きいシャンデリアが店内を圧迫して、余計に店が狭くなっていた。家具屋ですら使いこなせず持て余すような品を、一体誰が家に飾るのかと、子供心に疑った。けれど今、わかった。シャンデリアが似合う家は、世界中探せば、あるもんだ。

邸宅のダイニングルームは2つある。メインの大きいダイニングルームの奥へ進むと、脇にもう1つ別の小さなダイニングルームがあった。これは当時受け継がれていた中世の風習で、子供と大人が別々に食事をするために設けられた造り。キッチンは、細い急な階段を下った先の地下にある。きっと昔は、料理は全て使用人が作っていて、食事時はダイニングと台所を忙しく行き来していたのだろう。

邸宅の中は、どの部屋に行っても、壁がすごく厚い。壁の厚さは、家を構成している石のレンガの厚さをそのまま反映している。レンガの石造りで、しかも天井が高いのが幸いして、家の中は夏場でも案外涼しいとのこと。こんなに大きい家に住むとなると、電気代が気になるところだけど、むしろ一般的なアメリカの一軒家と比較しても安く済んでいるらしい。また、冬場でも、ミシシッピ州は雪も降らない温暖な地域なので、やっぱり電気代は安上がりだそうだ。しかも、こういう古い邸宅が売買される時は、大抵、家の中のアンティークな絵画や家具も一緒になってセットで売られるので、なかなかお買い得らしい。

旧プランテーションの邸宅を最も象徴する造形は、家の中ではなくて、実は裏庭にある。それは、母屋とは別に建てられた小屋で、昔、奴隷や使用人が住んでいた場所。本当に、物置かガレージくらいの大きさしかない。母屋と比べるとあまりに小さくて、そこに何人もたくさん住まわされていたのかと想像すると、胸が苦しい。

一口に奴隷の雇い主と言っても、イギリス系、スペイン系、フランス系と、様々あったという。フランス系の人は奴隷に対して比較的人道的であったと考察する人もいる。その違いは、船着き場で出会ったおじさん曰く、悪い奴隷主は奴隷を家畜として扱うのに対して、良い奴隷主はペットに近い愛情を持っていたそう。過去に実際に行われていた人への扱いが、今はそういう言葉でしか表現できないのが、恐ろしい。ブラックアメリカンの人たちの先祖は、奴隷として連れて来られた。彼らの姓は、仕えていた奴隷主の姓を元に与えられたもの。だから、家系図を辿って自分のルーツを探すことも難しい。アメリカ国内で議論される人種問題は、外野が思っているよりもずっと、根深いものがある。

例えば、ミシシッピ川の釣り場でも、黒人と白人が混じって釣りをしているのは見たことがない。今でも見えない線で棲み分けがされているような雰囲気を感じる。人種の坩堝《るつぼ》と言われるアメリカでも、いろんな肌の色の人種が同じくらいの比率で混じっているのを見るのはニューヨークの地下鉄くらい。アメリカの地方からニューヨークへ行くと、あまりにみんなの肌の色が違うので、まるで違う大陸へやって来たみたいに錯覚する。

何でもない普段の雑談の中で、友人が言った。「カースト制って意味わかんないよね。下位カーストに生まれたら、それだけで人生終了じゃん」。他人事のように言っているが、アメリカにはカースト制度こそないけれど、生まれで人生をかなり左右される現実はある。肌の色以外にもいろいろある。どんな地方に生まれ育つかで、植え付けられる価値観も違う。みんな平等には生まれて来ない。

ホームレス無職で、川岸を転々としている私がこんなことを言っても説得力はないけれど、最近世の中でよく謳われている「好きなことを仕事にしよう」とか、

「社会の役に立つことしよう」とか、そんなことを考える余裕があるのは、実際にはほんの一握りの人だけ。世界の大多数は、ただ生きるのに必死な人たちだ。ひょっとしたら、認めたくないだけで、自分もその一人かもしれない。

それなのに、つい自分だけ多少恵まれた側の気分になって、そういう事実に対して盲目になってしまうんだから、人間って、怖い。

川に浮かぶ鴨の一家。この地域は鴨のハンティングが盛んだ

14 毎年水に沈む町

ついにミシシッピ川最後の州、ルイジアナ州に突入した。セントフランシスビルの町の麓、ミシシッピ川に隣接している部分をバイユーサラと呼ぶ。住所でいうとセントフランシスビルなのだけど、そこに住む人たちは自分たちのことをあえてバイユーサラの住人と呼んでいた。

バイユーサラの船着き場は今まで立ち寄ったどの船着き場よりもボロボロだった。コンクリートスロープはガタガタで、古そうなゴミも落ちている。過疎の雰囲気そのものだった。信じられないことに、このバイユーサラの地域は昔、ミシシッピ川流域で最も栄えた港町の一つで、1万人の人口があった。ところが、1929年の大洪水で町が流されたのを境に、家を失った人々は高台に移住し、セントフランシスビルの町を作った。今はもう、セントフランシスビルには1600人程度しか住んでいない。そして現在、バイユーサラのエリアに至っては、家が数件かろうじて建っている程度だ。

今回は、そんなバイユーサラの貴重なお宅の一軒に、数泊お世話になることになった。上流のエンジェルの紹介だが、そんな顔も知らない人の家に泊まって大丈夫なのかと、船着き場の人たちに心配された。名前を伝えると、ああ、それは地元の元警察官の家だね、という話になって、みんな安心して解放してくれた。田舎のコミュニティは、狭い。

バイユーサラに人がほとんど住んでいないのには、理由がある。それは、毎年春になると、地域全体が冠水するから。アメリカ北部の雪解け水がミシシッピ川に注ぐため、下流域では春になると水位が上がる。だから、春の洪水で浸水しないように、家はどれも高床式になっていて、一年のうちの数ヶ月間は、ボートで家の玄関を往復する生活を送る。

「私たちは、ミシシッピ川の美しさと、季節ごとの厳しさの、両方を知っている」。「私たちこそ、ミシシッピ川と真に共生している民なのだ」。

ここの住民には、そういうプライドがあった。そんな家のバルコニーに、ハンモックがあった。それはバルコニーの屋根を支える柱の間に吊るされていて、下を覗くと、10メートルくらいの絶壁。いくら何でも、こんな高いところにハンモックを吊るすなんて、危なすぎる。しかし、家主の方曰く、これは、春専用のハンモックだという。家のすぐ真下には、ミシシッピ川に注ぐ細いバイユーがある。川底の泥が露出していて今にも干上がってしまいそうなか細い川だけど、洪水の季節になるとかなり増水するらしく、高床式バルコニーの床下スレスレまで水が来るという。だから、万が一ハンモックから落ちても、川の水に落ちるだけなので、安心して昼寝ができる。熟睡だそうだ。

川を下ったのは大統領選を控えた年で、家の主人と政治の話になった。ここルイジアナ州は白人の保守派が多いことで知られている。トランプ派かバイデン派か国中で国民がはっきり分かれていた。だけど、留学生の私には選挙権がない。だから誰と政治的な話題になっても、自分はニュートラルな立場なのだと断れば、それ以上は追求されず、聞くに徹することができる。

家の主人に、トランプ大統領の任期中の功績は何かと尋ねてみる。一呼吸置く間もなくまず税制改革だと即答した後、次々と例を挙げてくれた。中にはオカルトの都市伝説めいた話もあるけれど、とにかく強く支持する熱量が伝わってくる。

私の立ち位置は、あくまでアウトサイダー。これは旅先で地元の人とコミュニケーションを取る上でかなり便利なアイデンティティだった。「私は部外者で、あなたのコミュニティには無害な存在です」というスタンスを貫いて、気分を害さない程度に根掘り葉掘り聞くのが良い。

「私は外国人だから、アメリカ人が自分の国の政治についてどう思っているのか知りたい」。そんな姿勢を見せると、デリケートな問題でもみんな本音を語ってくれる。私は、テレビ画面のインタビューからは伝わってこない、熱のこもった生の声を聞くのが純粋に楽しかった。

今回は、高台のセントフランシスビルの方のお宅にも一軒、お邪魔させて頂けることになった。家には、小学校高学年くらいの男の子がいた。彼は、私にお気に入りのゲームを紹介してくれた後、1枚の写真を見せてくれた。

「もう一緒に住んではいないけれど、妹がいるんだ」。

彼は小さい頃に兄妹で養子に出されて、今は別々の家に引き取られたらしい。彼は実は少し発達障害を抱えていたが、育ての両親はそれを知った上で引き取った。「僕は生まれて来て良かったよ。そうじゃなかったら、今日ここにいないから」。

彼の言葉は、今日まで川沿いに出会った人の誰よりも力強かった。

バイユーサラの高床式住宅からの風景。季節になると、この小川が床下すれすれまで増水する

第三部 ミシシッピ川 後編
バトンルージュ～メキシコ湾

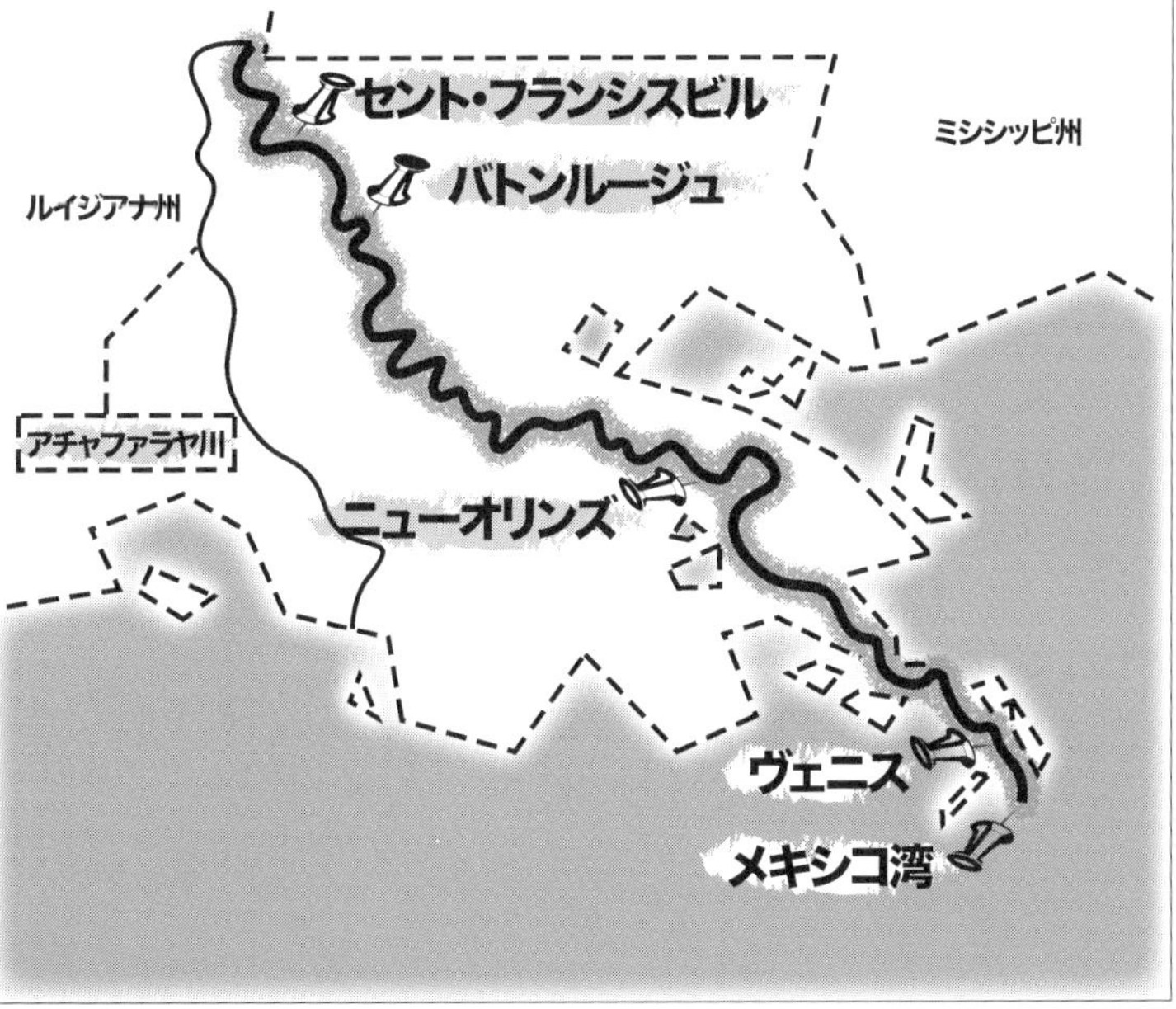

1 バトンルージュとタンカー船

アメリカを北から南に大移動すると、地図を見なくても、気象の変化で自分の大体の位置がわかるようになる。ルイジアナ州に入って顕著だった変化は、雨の降り方だ。ルイジアナの夏には特有の嵐があって、毎日午後に1回雨が降る。晴れた空にどこからともなく黒い雨雲が現れて、大粒の雨を吐き出していく。それは短い時で10分くらい、長い時でも小一時間くらいの出来事で、せわしなく動き回る局所的な嵐だった。

雲の下に濃い雨のカーテンが生えているのが遠くの方に見えた、と思ったら、いつの間にかもう自分のすぐ側まで来ていた。場所はルイジアナの大都市、バトンルージュのすぐ手前。慌ててどこか上陸できるところを探すけれど、川の両岸にはびっしり艀《はしけ》が並んで停まっていて、上陸できる隙がない。ようやく浜を見つけて向かう頃には、もう雲が自分の真上に来てしまった。打ちつける雨が、硬くて痛い。強い向かい風で、息ができない。雨は目も開けていられないくらい激しい。霧がかかったみたいに真っ白で、何も見えない。視覚が奪われると聴覚が敏感になって、ただただ、雨と風の音がうるさかった。とうとう雷まで落ち始めた。かなり近くで何度も落ちている。雷はまさに閃光で、落ちる瞬間は、フィルム写真のネガみたいに周囲のシルエットが白黒に浮かび上がって見える。

ここに来る途中、雷に打たれて朽ちた木を、川沿いにたくさん見てきた。雷に打たれるかどうかは運次第。自分が生きるか死ぬかを完全に運に任せるしかないので、私は雷が怖い。今降ったばかりの雨が、砂浜の斜面を伝って細い川を何本も作るようにして浜を侵食している。耐え切れなくなった砂浜は、小さな土砂崩れを起こすみたいにボロッと崩れてミシシッピ川に飲まれていく。そんな中を、泥だらけになりながら必死の思いで上陸して、雨宿りのための茂みを見つけると、雨は急に止んでしまった。ルイジアナの夏の嵐は、いつもこう。雨宿りは、降り始める前にしないと意味がない。"Welcome to Louisiana"ドブネズミみたいにずぶ濡れになるのが、ルイジアナの洗礼なのだと後で知った。

バトンルージュ手前の最後の橋をくぐったところで、私はさらに衝撃的なものに出くわした。石油タンカーだった。あの、大海原を航海する石油タンカーが、川に浮かんでいた。その大きさは、規格外だ。水面から甲板まで10メートルくらいの高さがあって、さらに甲板の上に白いビルみたいなのを生やしている。こんなものが川に浮かんでいるのはどう考えても不自然だが、バトンルージュには石油工場がたくさんあって、パナマから原油を運んで来るタンカー船が、毎日何隻もミシシッピ川を上ってくる。

川にはコンテナ船も浮いている。以前、コンテナを乗せて走る貨物列車が何両編成か数えて、100両を超えたあたりで諦めたことがある。一体これだけのコンテナをどうやって運んでくるのか不思議だったけど、コンテナ船を見て納得した。1000個くらいの色とりどりのコンテナが、積み木みたいにぎゅうぎゅうに積まれて浮かんでいる。港には大きなクレーンがあって、クレーンゲームみたいにせっせと一つずつ掴んでは積み下ろしていた。ミシシッピ川には、大きな物がひっきりなしに運ばれてくる。だけど、川幅が広すぎるせいで、どんなに大きな物も小さいオモチャみたいに見えてしまう。例えば、風力発電の大きな羽根だって、トラックに乗せられると交差点の角も曲がり切れないくらいなのに、ミシシッピ川に浮かんでいるとまるで鉛筆みたいに小さく見える。

バトンルージュから先は、ミシシッピ川でも一番大型船の交通量が多い地域。しかもタンカー船もコンテナ船も、普通、カヤックが同じ川で並んで漕ぐような船じゃない。ここを安全に切り抜けるために、秘策があった。

それは旅の序盤、カンザスシティで出会ったワイルドお姉さんと合流して、2人で川を下ること。ワイルドお姉さんは2本のオールで後ろ向きに進むから後方確認係、私は前方確認係になって、2人で死角を補い合って川を下ろうという案だった。早速お姉さんに連絡してみると、とんとん拍子に話が進んで合流が決定した。ここからは、2人でメキシコ湾を目指す。しかも、お姉さんにはバトンルージュに親戚がいるという。親戚一同と南部の美味しい郷土料理でも食べて、何日か羽を伸ばさないかと提案してくれた。何て美味い話だろう。かくして私とお姉さんは約2000キロぶりの再会を果たすこととなった。

アメリカ南部には、北部の人が絶対に口にしないような食材がある。例えば、ナマズ。アメリカ北部の人は、ナマズなんてそんなヌルヌルしたものを食べるなんて信じられない、と思っている。しかしこれが南部ではよく釣れるので、定番の食材になっている。そして何と言っても南部を代表する食材として欠かせないのが、ザリガニ。野宿の夜、暗がりの中で焚き火をしていると何かが足にぶつかった。硬さと足のチクチクする感じがまさに昆虫のようだったので、ギョッとしてライトで照らすと、ザリガニだった。ザリガニは、そのまま私の足を乗り越えて、焚き火へ直進する。飛んで火に入る夏の虫、というのは本当で、ルイジアナのザリガニはどういうワケだか自ら火に突っ込んで行こうとする。いよいよ火に近づきすぎて、ザリガニの足が灰だらけになったところで、拾い上げて遠くへ放ってやる。だけど何度拾って遠くへ放っても、やっぱりまた足にぶつかってくる。どうもおかしい。そう思って周りをライトで照らしてみたら、360度、ザリガニに囲まれていた。地面がうじゃうじゃ動いて見える。

ザリガニは英語で書くとcrayfish。ルイジアナではこれをクローフィッシュと呼ぶのに対して、北部ではクレーフィッシュと発音する。南部でクレーと発音すると、粘土みたいだと言ってバカにされる。北部の人がザリガニをゲテモノ扱いして食べないのは、やっぱりクレーという発音の通り、汚い印象があるせいかもしれないけれど、とにかくたくさん獲れるので、ルイジアナではザリガニはエビに並ぶ一般的な食材としてスーパーに並んでいる。

ルイジアナ、特にニューオリンズ周辺地域の歴史は、フランス系移民の入植と密接な関わりがある。南部料理の代表として知られるケイジャン料理もニューオリンズが発祥で、フランス料理を南部の食材で作れるようにアレンジしたのが元らしい。ケイジャンとは、フランスから南部地域に入植した移民を指す言葉。そしてワイルドお姉さん一家もケイジャンのルーツがある、ということで、ケイジャンの人が家庭で作る本場のケイジャン料理をご馳走してくれた。

まず、一番美味しかったのは、エトゥフェ。これはアメリカでも南部以外の地域ではほとんど見かけない珍しい料理。作り方はまず、大きな鉄のスキレットに大量の玉ねぎを入れて、キッチン中に良い匂いが充満するまで炒めたら、小麦粉と油を足して練ってペースト状のルーを作る。そこにみじん切りにしたセロリと、ザリガニと、いくつかのハーブを足してグツグツ煮込む。すると、濃厚な旨みが詰まった白いクラムチャウダースープのような料理が完成する。長時間煮込んで具材がトロトロに溶けているので、フーフーしてもなかなか冷めない。これをガーリックトーストと一緒に食べると、もうキャンプ生活なんかやめて娑婆《しゃば》で毎日美味しいものを食べて暮らしたいと思ってしまう。エトゥフェは、鍋の蓋を閉じて長時間煮込むので、フランス語で「窒息」の意味があるらしい。そう説明すると、お母さんは「I am étouffé-ing」と言って台所の布巾をお父さんの口に当てて襲って実演してくれた。愉快な一家だった。

ところでこのエトゥフェのベースになるルーというのは、本当のフランス式では小麦粉とバターを炒めて作るものらしい。けれどケイジャン料理では、バターの代わりに料理用の油を使う。なぜなら、その昔アメリカに移住してきたばかりのケイジャンの人たちは貧乏で、バターが買えず、安い料理油で代用するしかなかったから。このように、ケイジャン料理は基本的に貧乏食の象徴でもある。

例えば、ポーボーイと呼ばれるソーセージみたいな料理。poor boy（貧乏な男の子）という言葉からその名がついている。というのもポーボーイはソーセージのくせに、中身は半分くらいお米が詰まっていてお肉をカサ増ししている。お肉のジューシーさとお米の腹持ちの両方を兼ね備えているが、もともとは、肉屋の売れ残りのモツなどを安いお米に混ぜた侘しい料理として生まれたらしい。

それから忘れてはいけないケイジャン料理の代表格は、ガンボ。お米と一緒に食べるカレー的な家庭料理。昔は、ガンボとお米の比率は家庭の経済状況に直結していたそう。例えば、ワイルドお姉さんのお母さんは8人兄弟で育って、子供の頃はかなり貧乏だったので、毎回ガンボ味のご飯を食べるような比率だった。

ケイジャン料理とその背景にある貧乏エピソードを聞いて、ふと、アメリカの福祉に自己責任論が強く根付いているのは、昔祖国から移住してきて貧しい中で生き抜いてきたド根性精神に由来しているのではないかと思った。

苦しくても、誰の助けもアテにしない。自分たちは先祖の代からそうやって気高く生きてきた。そういうプライドがアメリカ人にはある。

2 発がん横丁

バトンルージュからニューオリンズの間の大規模工場が密集している地帯は、またの名を「Cancer Alley（発がん横丁）」と呼ばれる。工場から排出される汚染物質が原因で地域住民の発がん率が高くなっているという都市伝説が由来だ。

夜中、工場地帯の煙突からモクモク煙が立ち上って、それが青や緑のライトで照らされている様子はおどろおどろしくて不気味だ。それは、眩しくて眠れないほど明るくて、ミシシッピ川では今まで見たことがない景色だった。

工場の建物の間をパイプがクネクネ繋いで、立体迷路のようになっている。昼間になると、それがピーカン照りの太陽に照らされてギラギラ眩しい。無機質な金属の反射光と、真っ青な空の色は、どこか不自然なくらい激しいコントラストを生んでいて、違う惑星の未知の文明を見ているようだった。

「俺の爺さんはあの工場で働いていたんだ」。川岸のおじさんが、あっちの方を指差して教えてくれた。中にはかなり昔から稼働している工場もあって、そういう工場は、あちこち設備を改築しながら歴史を刻んでいる。新旧ちぐはぐな頼りない雰囲気で、ニセモノのSF映画のセットを見ているようでもあった。

アメリカ人は大体、ミシシッピ川は工場だらけの汚い川だと思っている。レジャーや遊びでミシシッピ川へ行こうと考える人は、ほとんどいない。足を川につけることすら抵抗感があって、ドブ川と同じレベルに思われている。だから川沿いの公園にカヤックを停めて水浴びをすると、一体何事かと人だかりができる。だけど、どんなに川が工業的な人工物に囲まれても、空を見上げれば、ワシや鷹が悠々と飛んでいる。工場地帯が途切れてすぐ、また緑が茂った自然の景色がある。ミシシッピ川の自然のたくましさは、人工物の側で余計に際立っている。

人間は地球を征服したつもりになっているけれど、本当は違う。人が住んでいない余りのスペースに野生が存在しているんじゃない。私たちは、野生だらけの地球のほんの一部分を間借りして使っているにすぎない。川に浮かんで自然と文明を交互に見ているうちに、私も謙虚な気持ちを思い出すことができた。

3 ルイジアナの苦難

川下りの旅を通して気がついたことがある。南部へ行くにつれて、人々の言葉遣いが汚くなっていく。汚い言葉は英語の教科書では習っていないので、解読に苦労する。言葉の壁とそれに伴うカルチャーショックは、南へ行くにつれてキツくなっていた。

例えば、Ass hole（ケツの穴）は読んで字のごとく汚い言葉で、よっぽどのことがない限り使おうとも思わない最上級の侮蔑用語。だけどルイジアナの人はこの言葉を割とカジュアルに口にする。「She is an ass hole」と形容する時の「ass hole」は「わからず屋」や「ワガママ」程度のことで、必ずしもひどい憎しみを込めて侮蔑しているワケではなかった。さらに、Ass（ケツ）という言葉がお気に入りらしく、褒め言葉として使うことも。例えば、Bad ass（悪いケツ）という言い回し。「You are a bad ass」と言われた場合、それは侮蔑ではなく、「良い意味でクレイジーだね」、「最高」みたいな意味で、むしろ褒め言葉だった。

ある日、砂浜で飼い犬の喧嘩の仲裁をしていたお姉さんが「Fuck off!!」と怒鳴っていたのにも驚いた。ファックという言葉自体は確かによく聞くけれど、例えば日本語でも「クソ！」とか怒鳴る大人を公園で見たら、ちょっと危ない人なのかなと思って警戒する。ファックは正直まともな大人は使わない単語だと思っていた。ところがそのお姉さんはすごく明るく私に話しかけてきて、全く普通の人であることがわかった。

口が悪いといえば、ルイジアナの船乗りの柄の悪さは折り紙付きだった。時には、海上無線を通して悪口を言われることもあった。万が一の際、行き交う大型船に連絡できるように、私たちは海上無線を携帯していた。が、まさかカヌーとカヤックの手漕ぎボート2人が海上無線を携帯しているとは思っていなかったのか、大型船の船長は私たちを見つけると「ゴミが浮いているから、弾いちゃおうかと思った」とか「あんな舟でミシシッピ川に浮かぶなんて、あいつらは舟だけじゃなくて脳みそも小さいようだ」とか、いろんな失言をしていた。そしてそれはこちらに筒抜けになっていた。

彼らは、ミシシッピ川は大きな船だけが通れる川だと思っているらしい。法律的には、船の大きさに関係なく自由に行き来することが認められているし、何なら源流からメキシコ湾まで泳いだ超人だっている。ちなみに失言だらけの失礼な船長たちのことを、お姉さんも負けじと「Small dick syndrome（短小陰茎症候群）」と呼んでいた。ワイルドお姉さんは口もかなりワイルドだった。

汚い言葉は一旦置いておくとしても、南部の英語は言い回しや発音が独特で、意思の疎通に戸惑うことがある。例えば、くるみの一種pecan nutsはネブラスカではピーカンナッツだが、ルイジアナではペカンと呼ぶ。ピーカンと言うと、ピーの部分がpee（おしっこ）みたいだと言って馬鹿にされる。妻や交際相手のことを、年齢関わらずオールドレディーと少しふざけて呼ぶのにも、初めて聞いた時は一体誰のことかわからずにキョトンとした。

ルイジアナの英語は独特な単語が出てくるだけでなく、アクセント全体が独特だった。特にケイジャンでフランス語が堪能な年配男性は、古い西部映画の悪役のボスみたいな独特のどもり口調で話す人がいるので、聞き取るのに苦労する。彼らの英語は、ルイジアナ育ちの若者でも完璧には聞き取るのが難しいらしい。

海外へ行くのに言葉の壁は付きもので、意味がわからず、適当に笑ってごまかして後ろめたい気持ちになるのは日常茶飯事。それに、白人ばかりの中にぽつんと一人、日本人がいるとやっぱり目立つ。だけど言葉が不自由な外国人という立場は、旅先では悪いことばかりでもない。外国人であるのを理由に無差別に攻撃してくるような人は、そんなにいない。根っからの悪人なんて世の中にそんなにたくさんいるワケじゃない。むしろ、外国人で言葉の壁があるからこそ、お互い理解しようと歩み寄る努力をしてくれる人が多い。口の悪い船長たちも、近づいて話しかければビールやらソーセージやらご馳走してくれた。

だから、ルイジアナで一番苦労したのは言葉の壁じゃない。本当に辛かったのは、虫問題。これは旅の中で経験したどのトラブルよりも深刻だった。

まず蚊は、珍しいアジア人の血を好むのか、真っ先に私に集まって刺してくる。ここの蚊はとにかく大量だった。夜になるとテントの網戸部分に侵入できる隙間はないかと蚊が大量に集まってくる。あまりに大量なので、ブーンという音がうるさくて眠れないほどだった。とてもじゃないけれど、夜中にトイレに行くために扉を開けるなんてできない。そんなことをしたら、一瞬でテント内が蚊だらけになってしまう。もし無事にテントの外に出られたとしても、用を足している間にお尻をたくさん刺されてしまう。本物のおしりかじり虫とは、ルイジアナの蚊に違いない。仕方がないので、トイレは空き瓶を使ってテントの中で済ませた。毎晩裸で寝ても汗が止まらない熱帯夜なのに、夜中のトイレに関しては、雪山テント泊でやることと同じだった。

実は私は昔から生き物を殺すのが苦手で、蚊も殺せなかった。家の中で蚊を見つけたら、頑張って捕まえて窓の外へ逃がしていた。テント内で見つけても、やっぱり頑張って捕まえて、入り口のジッパーを慎重に開けて外に出すということを繰り返していた。だけどルイジアナの蚊は、私の皮膚に着地するなり間髪入れずに一瞬で刺してくる。数秒止まって刺されるだけで、患部が痒くて仕方がない。ぷっくりとした腫れは長引く。虫除けスプレーも、効果があるのは噴射してすぐだけで、しばらくするとまた懲りずに集まってくる。こうなるともう、殺すしかない。私は23年も生きてきて、やっと人並みに蚊が殺せるようになった。川下りを通して得た、大きな成長だった。

困るのは、蚊ばかりではなかった。私の一番の天敵は、ディアーフライ。「フライ＝ハエ」とは名ばかりで実はアブの一種。これが非常にタチが悪い。大きく腫れて痒いだけならまだしも、刺された瞬間チクッと痛くてたまらない。払っても払ってもまた次のがやってくる。とにかく厄介な虫だった。彼らは特に牛を好むらしくて、放牧されている牛の周りには必ずディアーフライが飛んでいる。牛は尻尾を振り回して払っているが、あまり効果はなさそうだ。牛が気の毒でならない。私は生まれ変わっても南部の牛だけにはなりたくないと思った。

夏のキャンプの醍醐味といえばハンモックで寝ることだけど、蚊やアブに囲まれていたらそれも叶わない。奴らはハンモックの布越しにも刺してくる。蚊帳を張ってもうるさいし、蚊帳の中に侵入されないようにとにかく気を使う。焚き火の煙の下に入れば奴らの攻撃も多少は防げそうなものだけど、煙が目にしみるくらいに浴びないと全く効果がない。夕方、アブや蚊の姿が増えると、私は手足をバタつかせて変な踊りを踊って奴らを振り払い、一目散にテントに逃げ帰って翌朝まで引きこもった。

厄介なのは空中の虫だけじゃなくて、地面の虫も同じだった。何と言ってもルイジアナには、ヒアリがいる。ある時、薪拾いをしていたお姉さんが私に言った。「ここファイヤーアンツだらけだから気をつけて」と。「あれ、それってあの悪名高いヒアリのこと?」と確認すると、この地域ではヒアリはすごく一般的なアリだと返された。テントに帰り、ヒアリの大群がキャンディーの袋に群がって真っ黒に蠢《うごめ》いているのを見て、あまりのグロテスクさに血の気が引いた。ヒアリはとにかく働き者で、朝起きたらテントの入り口に全く見覚えのない大きなヒアリの巣ができていた。私はヒアリに完全に狙われていた。

町で買ってきたジャンバラヤ弁当も、朝起きるとヒアリだらけになっていた。お弁当は、カヌーの中に保管していて、ロープで木に繋いで川に浮かべたままになっていた。けれどヒアリはそのロープを器用に伝ってお弁当に侵入したらしい。勿体ないので、ヒアリはエキストラプロテインと呼んでそのまま食べた。ヒアリはもちろんカヤックの中にも侵入してくる。漕いでいると、足を噛まれて痛い。一度カヤックに侵入したヒアリを全て除去することは不可能だ。ヒアリは泳ぎが上手いので、水をかけて水攻めにしても、彼らは何度でも浮かび上がってまた動き始める。不死身のアリだ。私たち人間の方が力も強くて体も大きいのに、こういう小さい害虫に対しては為す術もなく、ただ無力感を味わう日々だった。

また、この頃、朝起きると中指が曲がらなくなる症状が出るようになった。パドルは軽く握っていて、押している方の手はパーにしても進むくらいだったけど、そもそもパドルが重いから、一日中両手に持っているだけでかなり指に負担があった。中指だけピンと伸びたままどうしても力が入らない。もう片方の手を使って無理矢理曲げ伸ばしを繰り返すと、段々慣れてきて自力で動かせるようになってくる。けれど、ある角度で必ずカクッと亜脱臼したみたいな嫌な感触がある。

ここにきて私の体は疲労を認め始めていた。ゴールまであと数百キロ。

さすがにもう、満身創痍だ。

4 二人旅の楽しみ

1人で対処できない困難は、結局2人いても対処できない。私はそう思って一人旅をしていたけれど、実際二人旅になると心強いものだった。焚き火の薪はすぐに集まるし、町で買い物をする時も、1人を舟の見張り役にできた。

何よりも安心感があったのは、廃墟探検の時。朽ちた人工物は本能が「危ない」、「入るな」と知らせてくれるが、あの廃墟独特の埃っぽい匂いは、たまらなくそそられる。1人でいると、「床が抜けたらどうしよう」とか余計な心配ばかりしてしまうところを、2人でいるとつい、廃墟の前を通る度に探索してしまう。

ある日、艀《はしけ》がたくさん並んで、川の上に放置されている場所を見つけた。これはトーボートが決められた一定区間をひたすら往復する形で運行しているからで、もし艀《はしけ》がそれよりも長い区間を移動する場合は、一旦川の途中に止めて、リレー式に次のトーボートを待つ。だから艀《はしけ》はたまに、何十隻も連結して、川の真ん中に浮かんでいることがある。どうやら駐禁は切られないらしい。その姿は遠くから見るとまさに島のようで、それが乱雑にいくつも川に浮かんでいた。私たちはそういう場所を駐車場と呼んでいる。大きな艀《はしけ》の間を縫うようにして漕ぐと、迷路の中を探検しているみたいで、楽しい。すると、面白いものを見つけた。甲板に大きなクレーンを乗せたまま錆びて朽ちかけている廃墟の艀《はしけ》だった。きっと昔は、船で運ばれてきた荷物の積み下ろしなどに使われていたのだと思う。

衝突防止用に側面にくくってある古タイヤを登って艀《はしけ》の上に立ってみる。鳥が種を運んだのか、植物の緑が甲板を覆っている。開けっ放しの倉庫の扉をくぐると、剥がれたペンキが地面に散らばっていて、踏むとコーンフレークみたいな音がする。計画的に引き揚げたのか、中身は空っぽで機械やゴミもほとんど残っていない。壁に残された作業の安全喚起を促す大きなポスターを見て、この現場も昔は肉体労働の男たちで賑わっていたのかなと想像を巡らせる。

錆びかけた細い鉄の階段を上ってクレーンの回転部の根元まで行ってみる。階段が途切れた先には真っ直ぐ上に伸びたハシゴがあって、それをさらに上っていくと、クレーンの操縦室の前に出た。だけど扉のドアノブは黒いテープでぐるぐる巻きになっていて、どんなに頑張って回そうとしてもウンともスンとも言わず、開けられない。敗北感にうなだれながら、手すりに寄りかかって見下ろす。ちょうど操縦室の高さから眺めるミシシッピ川の景色は爽快だった。遠くの方からタンカー船が何隻も上って来るのが見える。メキシコ湾の大海原が、もうすぐそこまで来ている。そう実感できる景色がそこに広がっていた。廃墟探検は、探検者の期待を裏切らない。いつも新しい発見があるから、やめられない。

2人で旅をしていて楽しい瞬間は、ほかにもたくさんある。一番はやっぱり、お酒を飲む時間。舟に乗ってプカプカ川に浮かびながらウイスキーを飲むのが最高だ。ただし、炎天下の太陽に照らされながら飲むから、酔いが早く回る。カヤック旅でオススメのお酒は、真っ赤な「7」のマークが目印のSeagram American Whisky。これは大体どこの酒屋にも売っていて、ボトルがプラスチック製なので、何かの拍子に割ってしまう心配がない。しかも大きめのボトルに入っていて、残りを気にせずに飲める。お酒を持って川に浸かり、漂流していた古い四角いスチロール板のようなものをテーブル代わりに浮かべて飲み食いするのが楽しい。頂きものの1ダース入りのドーナツを、「もうこれ以上食べられない」と思う限界までお腹に詰め込んだ。ウイスキーと甘い物の組み合わせは、結構イケる。

お姉さんがキャンプで作るご飯はごった煮が多かった。大きなカヌーにたくさん食料を積んでいるおかげで、毎回具材が違っていて飽きることがなかった。一番美味しかったのは、味噌汁。味噌汁と言っても、ベースの味噌は粉末のインスタントで、具材はサマーソーセージ、缶詰のチキン、セロリ、ニンジン、サツマイモなどなど、何だかカレーみたい。だけどこれはこれで豚汁の豪華版みたいな味がして、美味しい。

川にはいろんな物が漂流している。ある時、川でTシャツを洗っていたら、玉ねぎがプカプカ上流から流れて来るのを見つけた。桃太郎みたいな状態だった。玉ねぎはずっと水に浸かっていたからか、かなり瑞々しい見た目で、スーパーの玉ねぎより新鮮そうに見えた。切ってみても特に腐っている様子はないので、味噌汁の具材として美味しく頂いた。

お姉さんはどんな時も必ず焚き火の炎で調理する。鍋が一つ乗るくらいの小さな焚き火台をいつも使っていて、浜に上陸したら何よりもまず火起こしをする。焚き火の始め方には、人それぞれ個性がある。お姉さんはまず、丈夫な枝を1本掴んで地面にしゃがみこむと、両手で地面に突き刺すようにして、大きな丸い窪みを掘り始める。地面が柔らかい時は、両手を使って地面を掘ることもあった。これは火床作りの作業で、私が普段実践しているのとほぼ同じ。誰に習ったワケでもないのに、毎日繰り返されるキャンプ生活の中で行き着いた火床の作り方は、2人とも示し合わせたかのように一致していた。

ただし、私たちの焚き火スタイルには二つ、大きな違いがあった。一つは、お姉さんは紙の着火剤を使って火をつけるのに対し、私はプリムスのコンロをバーナーみたいにして力づくで着火していたこと。つまり私のはズルだ。これは旅の序盤、トーチで大胆に焚き火を着火していたジョンのやり方にインスピレーションを得た。もう一つの違いは、薪の揃え方。私は適当に、細い枝、中くらいの枝、炭にする太い枝と、大雑把に三つくらいに分けて集めたのに対して、お姉さんは極小から極太までグラデーションを描いて太さを増していくように、一旦丁寧に地面に並べてから着火作業に移っていた。ワイルドお姉さんのワイルドらしからぬ繊細な作業だった。特に、序盤で使う細い枝なんて、長さまできちんと揃えて折って並べてあるから、何だか青椒肉絲の具材みたいだった。

一つ言い訳をすると、私の焚き火が適当なのは、理由がある。焚き火の楽しみといえば本来、夜に星空を眺めながら薪をくべること。だけど、ルイジアナは夕方を過ぎると蚊が酷くて、テントにこもらなければいけない。夜に焚き火が楽しめないとなると、焚き火のモチベーションは大きく削がれる。私の焚き火は料理のために火がつきさえすれば良いと思ってやっているから、いつもかなり適当だった。

それに対してお姉さんは焚き火に対してかなりこだわりがあった。寝る前に必ず、太い薪をたくさん焚べて一度焚き火を大きく育ててから、寝袋に潜る。こうすると、太い薪が炭になって、翌朝も灰の下で燃え続ける。それをフーフー吹いて蘇らせてコーヒーを淹れるのが毎日のルーティンだった。都会のカフェでは買えない、贅沢なコーヒーだった。

5 引きの悪い男

ニューオリンズの町を案内してくれるリバーエンジェルは、お姉さんがSNSを通じて探してくれた。旅のエンジェルを探す掲示板があるらしい。

お姉さんは見た目こそワイルドだけど、現実的で計画的なところがあった。全く知らない人に助けてもらうよりは、SNSでも多少その人物の人となりを知ってからの方が安心するらしい。これにはお姉さんの見た目が大きく関係していた。お姉さんみたいに白人でドレッドヘアーの人は、ヒッピーの象徴として扱われる。ヒッピーとは、つまり社会的にちょっと普通じゃない人のこと。掲示板を通じて彼女に連絡してくれる人は、まずプロフィール写真の見た目から彼女の自由な旅人気質を認識した上で連絡をくれるので、かえってトラブルが少なく、自衛の効果がある。

ニューオリンズのエンジェルは、名前をデイブと名乗り、浜と町をつなぐ雑木林を私たちが通れるようにわざわざ草刈りして道を作って出迎えてくれた。草刈りは無断で勝手にやったのだけど、途中で偶然、土地の所有者のおばさんが現れて、注意されるどころか大変感謝されたらしい。雑木林はそれくらいボーボーで、そんな苦労を買ってまで出迎えてくれるエンジェルは初めてだった。ネット掲示板の出会いも悪くない。

「ダキリに行ったことあるか？」。合流してすぐ、デイブに聞かれた。ダキリとは何かと聞き返すと、ドライブスルーのバーだと説明された。行ってみると、ちょっぴりセクシーな雰囲気のお姉さんが車の窓から注文を取ってくれて、ファストフード店みたいなプラスチックのカップにお酒を入れて渡してくれる。

もちろん、アメリカでも飲酒運転は違法だし、例え飲んでいなくても、密封されていない栓の開いたお酒が車内にあるだけで罰則の対象になる。警察の目をかいくぐるため、ダキリではカップの蓋のストロー穴にテープを貼って提供する。もし、警察に道の途中で止められても、「いや、これ、テープ貼ってあるから未開封です」としらばっくれるための工夫らしい。だけどただのテープだから、みんなちょっと飲んでから、またテープを貼り直して運転していると思う。法律的にはグレーというか、ほとんど黒だけれど、昔からあるのでまかり通っているらしい。

こんなお店はたぶん、ルイジアナにしかない。

デイブがダキリで買ったのは、一番大きなサイズのお酒。その大きさは1ガロン、つまりなんとおよそ4リットル弱。何やら奇抜な赤い色をしたお酒が、お徳用の巨大牛乳ボトルみたいな容器に入って渡された。

ルイジアナは荒くれ者が多いことで有名で、特に車の運転に関してはせっかちな人が多かった。何かあるとすぐクラクションを鳴らして罵詈雑言を浴びせてくる。お年を召したレディでも、平気で中指を立てるのだ。

一時停止の標識の下にさらに「You really gotta stop（本当に止まってください）」と書かれた別の標識が添えてあったりする。そうでもしないと誰も止まってくれないようだ。

デイブは小さなトレーラーハウスに住んでいて、かなりの愛煙家だから、家の中に白い煙がこもって場末の雀荘みたいな雰囲気になっていた。子供の頃は初対面でも簡単に友達になれるけれど、大人になると急にそれができなくなる。そんな初対面の大人が打ち解ける一番簡単な方法は、お酒とタバコ。デイブもお姉さんも2人とも愛煙家なので、タバコミュニケーションが捗《はかど》った。お酒が入って感極まると、2人して長い詩を朗読したりして、そのあまりの熱のこもった様子を見て、飼い犬のピットブルのモリーちゃんが喧嘩と間違えて2人の間に割って入ったほど。

お姉さんはデイブのことをチルな男だと言った。彼の心は純粋で、少年のようだった。彼がリバーエンジェルに立候補してくれたのも、ミシシッピ川沿いの町に生まれ育った男として、自分もいつか川を下りたいという思いがあってのこと。しかしそんな彼に対して、神様は皮肉なくらい意地悪らしい。例えば、彼は洪水と火事で二度も家を失った。トレーラーハウスに住んでいるのもそのせいだった。トレーラーハウスとは、アメリカでは貧乏人の象徴とされている住宅様式で、トレーラーハウスが並んでいるところは住宅街と呼ばずに、トレーラーパークと呼ぶ。彼はそんな逆境の中、夢だったバーを開業させたが、それも新型コロナ感染拡大の影響で閉店せざるを得ない状態に追い込まれてしまっている。

彼の人生はいつもなぜか、引きが悪いらしい。

だけど今、どうせ仕事が休業状態なんだったら、旅に出るにむしろ都合が良いのではないかという話になった。かくして私たちは、旅の仲間にデイブを加えて3人で川を下ることにした。正確にはデイブのカヌーには愛犬のモリーが乗船するので、3人+1匹の川下り隊になった。

ニューオリンズを出ると、あれだけたくさんあった工場もめっきり少なくなって、周りは自然の景色だけになった。すると、本流にワニをたくさん見かけるようになった。川で泳いで、それから食事の支度をして、また何となく川を眺めてみると、ちょうどさっきまで泳いでいたあたりに大きなワニを見つけた。そのワニは、背後にタンカーが通って大きな波が向かっていても、頭だけ水面から出した状態で微動だにせず、浅瀬にそのままの格好で止まっていた。引き波の時に見えた首元の太さは尋常でなく、丸太のようだった。

こうなると、心配なことが一つある。それは、好奇心のままに動き回るモリーのこと。万が一、ワニに食べられてはいけないと、夕方以降はテントの中にモリーを閉じ込めておくことになった。

しかし翌朝、デイブが釣りをしている間に事件が起こった。デイブはナマズを釣り上げて、ルアーをナマズの口から外すと、魚をメるべく竿を地面に置いて一旦その場を離れた。これはキャンプ地に魚の血の匂いを残さないための配慮で、私とお姉さんも調理道具を取りに釣り場を離れた。

その間、モリーだけは釣り場に残されていた。そして誰も見ていない一瞬の隙をついて、釣り針がついたままのルアーを口に入れて飲み込んでしまった。

釣り針は、立派な重いナマズを釣り上げても支えられるくらい大きかった。もちろん釣り糸も頑丈なものだから、もしルアーを丸呑みしたとしても、そのまま糸が口から垂れて釣竿と繋がっていそうなものだった。だけどモリーの口の中を確認しても、糸なんて垂れていない。どういうワケだか、釣り糸は竿に綺麗に張られたまま、ルアーだけが忽然と消えていた。

きっとモリーは片足で器用に釣り糸を押さえて、歯でルアーを根元から噛みちぎって飲み込んだのだと思う。そんな荒業を成し遂げながら、モリーは痛がるどころか、何事もなかったかのように元気にはしゃいでいた。だけど、いつ釣り針の先端が胃の中で引っかかるかもわからない。デイブは、ルアーが消えた釣竿を見て、座り込み、しばらく呆然としていた。獣医に連れて行くしかない。だけど獣医に連れて行って開腹手術となったら、一体いくらかかるかわからない。彼は車で迎えに来てくれるように誰かに電話をかけていたけれど、そのやり場のないイライラを、声を荒げて電話口にぶつけていた。気の毒だった。

かくしてデイブは急遽、隊を離れることになった。結局、一緒に漕いだのは、たったの2日だった。

翌日、デイブから送られて来たモリーのレントゲン写真には、腹部に大きな釣り針の影がはっきり写っていた。幸いなことに、釣り針はその後ウンチと一緒に排出され、開腹手術は免れる形となった。モリーが苦しまずに回復したのは良かったけれど、まさかこんな形で、念願のミシシッピ川下りの旅を断念することになるなんて。やっぱり彼は、引きが悪い男だった。

デイブとアルミ製カヌー。モリーのために日傘を用意していた。
しかし、直射日光を遮るより、体を濡らして風にあたる方が涼しかった

6 最後の100マイル

ミシシッピ川には、ほぼ等間隔に3桁の数字が書かれた三角形の標識が立っている。その数字は河口までの距離を示していて、リバーマイルマーカーと呼ばれている。川を下るに従ってだんだん減って行く数字を見て、ゴールが現実的になってくる。とっととゴールしたいという気持ちと裏腹に、ニューオリンズから河口までの最後の100マイルは、何だかやけに遠く感じる。

毎日暑くて、河口に近づけば近づくほど流れが遅くなるので、毎日少しずつしか進まない。疲れも溜まる一方で、なかなか抜けない。だけど、早くゴールしたいという気持ちより、もうすぐ旅が終わってしまうという寂しさと、旅を終えて私はどんな暮らしをするんだろうと、そういう不安の方が大きかった。不安と疲れで、時間が進むのが、余計ゆっくり感じる。

川下りの旅は、デッサンに似ていると思う。描き初めは大雑把で、何となくイメージに近づけていく作業だから、スイスイ描き進む。そして最後、いよいよ完成形が近づいて細部が見えて来てくると、筆が詰まってなかなか終わらない。

カヤックもそれと同じ。行きたい目標の島が遠くに見えているうちは、何となくその方向に漕いでさえいれば、気がついた頃には島がどんどん近づいてくる。そして島の外周の木々の形がはっきり見えるようになってきて、上陸目標の砂浜も定まった頃、漕いでも漕いでも、不思議と島が近づかなくなって、苦しくなる。離岸流と、精神的な辛さのせいだと思う。

絵の場合、書き込みすぎずに完璧じゃないくらいが、見た目に綺麗で丁度良く仕上がることもある。だけど、カヤックの場合はそうもいかない。ゴールまでは漕ぎ切らねばならない。

ミシシッピ川最後の町は、ヴェニス。ミシシッピ川沿いに南へ下る道路の、どん詰まりの町。ここから先は、道路も町も、何もない。ミシシッピ川はヴェニスの町でさらに船が通るためのいくつかの細かい水路につながっていて、町の船着き場は本流から数キロ離れたところにあった。本流沿いにも船着き場はあるにはあるのだけど、契約ボート専用だったから、やめようという話になった。普段だったら、適当に船着き場にいる人に話しかけて、邪魔にならないところに少しの間停めさせてもらう。今までそれで断られたことはない。

だけどヴェニスの町は妙に殺伐としていて、どこか近寄りがたい雰囲気があった。というのも、ここにいるのは生活をかけて険しい顔で港で黙々と作業をする人か、沖で釣れるマグロを狙ってわざわざ遠くから休暇を過ごしにやって来た、見るからにお金持ち風の人のどちらか両極端。そのコントラストは強烈で、私たちみたいな汚い旅人は入る隙がないような、そんな空気だった。

これと似た空気は、日本でも感じたことがある。日本の漁師町の中には、一部、排他的な雰囲気の地域もある。法律というより、地域の生活を守るための細かいローカルルールを重んじて世界が回っているような、そんな場所のことだ。例えば、カヤックで岸辺のスロープを使う時は、許可がいる。関東圏では大体聞いても断られて追い払われるか、そもそも誰に許可をもらえば良いのかもあやふや。近くのおじさんが良いと言っても別の人に注意されたりする。密漁者と思われたり、漁船の運行に邪魔になるからと、日本の港ではカヤッカーはとにかく肩身が狭い。

ヴェニスの町の経済は、漁業と、人数は少ないながらも一度にたくさんのお金を落としていく遠方からのプレジャーボートの観光客で成立している。プラプラと目的もなく川辺で過ごす人なんていない。大して観光客としてお金を地元に落とせるワケでもなく、ただ能天気にただ川を下っている私たちは、明らかに浮いている。誰かに怒られるとかそういう問題ではなく、何となく肩身が狭く、馴染めない雰囲気だった。だけどもちろん、話しかければ、みんな優しい。買い物は諦めたけど、水は途中の魚河岸屋さんで汲ませてもらった。

手持ちの食料はギリギリの分しか残っていなかった。でも、2人で余り物を寄せ集めて調理すれば何とでもなる。ただ私は、漕ぎながら食べるお菓子が欲しかった。どうしてもスーパーへ寄ってポテトスナックのサワークリームアンドオニオン味が食べたかった。これは、高山病で嘔吐に苦しんでいるような時でも胃に入れることができる魔法の食べ物なのだと、有名登山家も公言していた。魔法のお菓子なのだ。

私は、スーパーへ寄ってお菓子を買って、バリボリ食べながら旅のゴールを迎えたかった。それを楽しみにヴェニスまで漕いで来たのに。食べ物の無念は大きくて、この旅で初めてイライラを覚えた。そして、たかだかお菓子が買えなかったくらいでイライラする自分に余計イライラした。

そうして無念のままヴェニスを過ぎた頃、リバーマイルの標識がついに1桁になった。1マイルは約1・6キロ。河口まであと15キロを切った。そのままゼロの標識を目指して漕ぎ進めて、突然、開けた場所に出た。河口の到着だった。

旅を始めた時は永遠に思えた遠い道のりも、時が来れば終わりはあっけなくやって来る。

私は、ミシシッピ川の河口に立つリバーマイルマーカーの塔にはゼロの数字が書いてあるのだと思い込んでいて、それを目指してひたすら漕いでいた。ところがどっこい。そうじゃなかった。リバーマイルゼロ、つまり河口の塔には数字は何も書いていない。そこにはただ、赤と緑の2色に塗られた三角の標識が立っているだけだった。それに、河口といっても、水を舐めてもまだあまりしょっぱくない。汽水域だった。

塔の上には、とあるエンジェルが隠した小さなペリカンボックスが眠っていると聞いている。だけど実際に登ってみると、そこにあったのは古い鳥の巣と、干からびた魚。他にはアシナガバチが数匹いただけ。3ヶ月近くかけて目指してきたミシシッピ川の河口は、いざ到着してみると、特に何もない場所だった。

一応、ミシシッピ川を漕ぎ切ったお祝いに、ウイスキーで祝杯をあげたが、お酒は休憩の度に飲んでいる。これを祝杯と呼んで良いのかわからない。

ミシシッピ川の河口の先には、湿地帯があって、3本の水路が広がる。この形が鳥の足みたいに見えるので、通称バードフットデルタと呼ばれている。

タンカー船は、3本指の西側、サウスウェストパスを通ってメキシコ湾を行き来する。一方、私たちのようなカヤックや小型船が通るのは、サウスパス。3本の水路の真ん中だから、南部の船乗りたちはこの水路のことを中指を立てながらミドルフィンガーと呼んでいる。

このミドルフィンガーの湿地帯では、ナマズが簡単に釣れた。まさに入れ食い状態だった。おかげで毎日ナマズ料理にありつくことができた。

メキシコ湾の方からやってくるナマズは、ミッシッピ川の中程で見られるナマズと比べてヒレが非常に長いのが特徴。ナマズは小さいものでも60センチ以上あるから、一匹釣ればお腹いっぱい食べられる。

ただし、ナマズを捌くのは、重労働だ。とにかくヌメヌメしているし、ヒレの先には指に刺さりそうな棘が生えている。体が大きい分、骨も太くて丈夫だから、普通の魚と同じように捌くことはできない。まず、頭を切り離そうにも、十徳ナイフでは首の骨まで刃が届かないので、断ち切ることができない。ぐるっと一周首の周りに切れ込みを入れて、片方の手で胴体を押さえて、そしてもう片方の手で頭を持って、それで頭を後ろ向きにひねって首の骨を断とうとしたけれど、とにかく骨が丈夫でうまくいかなかった。

ナマズの腹骨も、肋骨みたいに硬くて、とてもじゃないけれど普通のナイフでは断ち切れない。仕方がないので、頭が胴体に繋がったままの状態で、腹骨を避けるように刃を入れて、切り身を作った。マグロの解体に少し似ているかもしれない。お腹の裏には白いブツブツの寄生虫がたくさんいた。削ぐようにして刃を入れても、完全に取り除くことはできないので、念入りに加熱調理した。

私たちの定番料理は、ナマズスープ。余った食材を適当に鍋に入れて、コンソメやトマト缶で味付けして作るスープ。お米やパスタなどの炭水化物がなくても、大きなナマズの切り身がたくさん入っているので、かなり食べ応えがある。しかもナマズの身は、火を通しすぎてもお肉みたいに硬くならず、プルンとしていて、口の中でホロホロ崩れていく。

ちなみにコンソメの代わりにインスタント味噌汁を使うと、あら汁風になってなお美味しい。それから、ナマズを砂糖と醤油で味付けして煮付け風に食べると絶品だった。ナマズは案外臭みがなくて身が滑らかなので、蒲焼のように調理しても美味しいと思う。ナマズが鰻の代用品としてスーパーに並ぶ日も近いと私は確信している。

日本食の味付けに飽きてきたら、ナマズをフライにして食べた。淡白な身がどことなくファストフード店のフィッシュフライを思い出させる。パンが食べたい。

ヒレも無駄にせず、カリカリに揚げて猫みたいに齧《かじ》るのが美味い。お酢と醤油を混ぜて、カリカリに揚がったヒレをつけると、もうずっとしゃぶっていたくなる美味しさだ。

衣はお姉さんが持って来たココナツフラワーを使ったので、余った衣は団子状に丸めて揚げて、砂糖をまぶして食べた。残り物で即席デザートのドーナツまで食べられる。

毎日たくさん食べたナマズ料理の中でも、特に群を抜いて美味しかったのは、ピクルスの残り汁で煮詰めた料理。ピクルスといっても、ハンバーガーに挟まっているみたいな緑色のピクルスではない。ルイジアナ名物うずらの卵のピクルスを使う。これは、辛いハロペーニョのスライスとうずらの卵が一緒に浸かっていて、ピクルス液は食欲をそそる攻撃的な赤い色をしている。普通は、お酒のおつまみとして食べる物らしい。この残り汁を使って、ナマズの身を煮る。夏バテの体に酸味と辛味のコンビネーションは裏切らない。ハロペーニョのシャキッとした食感のアクセントも効いていて、何となく魚の南蛮漬けみたいな味になる。とにかく箸が止まらない。

お昼にナマズが釣れると、上陸もしないで、川に浮かんだまま鍋とコンロを取り出して、お姉さんのカヌーの上でピクルス煮を作った。日陰も何もない炎天下だったけれど、暑さも忘れて貪《むさぼ》るように食べた。これまでいろいろなキャンプ飯を食べたけど、ナマズのピクルス煮は、レストランで出しても通用するダントツの美味しさだった。

そんなナマズに恵まれたサウスパスは、生き物の楽園だった。湿地を埋め尽くす、稲のような背の高い草の間を優雅に飛び交うのは、赤、青、黄色、オレンジ、色とりどりの小鳥たち。草地の生え際には無数のワニがたむろしていて、そばを通ると驚いてドボン！と音を立てて潜っていく。1匹がドボン！と潜ると、その周りで連鎖的にドボン、ドボン！と音がする。ワニ好き冥利に尽きる光景だった。湿地の草は、水際から直接、しかも隙間なく生えている。おかげでカヤックで上陸できるような地面はどこにもないし、あっても泥でぬかるんでいるせいで、まともに立つこともできない。それでもワニはきっと、水に浮かぶのに飽きたら、どこか上陸できそうな地面を探して日光浴をするのだろう。泥の上で動き回るには、人間みたいな二足歩行より、ワニみたいに全身を平たく地面に接地させて動く方が、効率が良いはずだ。

潮の時間によっては、川の真ん中に浅瀬が浮かび上がることもあった。その浅瀬はとても小さくて、白い鳥がぎゅうぎゅうに集まって休んでいる。鳥が動くとキラキラ光が反射するので、遠くから見てもすぐに島の存在がわかる。鰯の群れを見ているようだった。

バードフットデルタは、今まで漕いだ川のどの場所よりも、野性味に溢《あふ》れていて、美しかった。そして、そこには、とっておきの廃墟がある。それは、ポートイーズと呼ばれる白い旧灯台の廃墟。昔は、宿や食事を提供する施設が灯台の麓にあって大変賑わっていたらしい。だけどそれも今やもぬけの殻。灯台の入り口には階段がかかっていて、半分川に沈んでいた。施設は高床式に建てられていて、その床下部分にあたる柱と柱の間を身をのけぞるようにして漕ぎ進めてようやく灯台に続く階段にたどり着く。

入り口の門は開けっ放しで、中は真っ暗。ヘッドライトで照らすと、中心に細くて急な螺旋階段が伸びていた。足をかけると早速、蛇の脱皮した皮がダラーンと階段に沿って垂れているのを見つけた。

廃墟は大抵、動物のニオイがするものだ。

螺旋階段の途中にあった展望台に出て、眼下の景色を眺める。頬に感じる風は、潮風。メキシコ湾の水平線がどこまでも広がっているのが見える。

ここは、最寄りのヴェニスの町からモーターボートで来ても30分近くかかる。いくら廃墟マニアでも、こんな辺鄙《へんぴ》なところにある廃墟はなかなか行けない。もしコースを途中でアチャファラヤに逸れていたら、この高所からの眺めはなかった。ミシシッピ川を下り切って良かったと思った。

サウスパスとメキシコ湾の接続部、淡水と海水の境目は、展望台からはっきり見える。川は海へ出ようと水を押し出し、海は川に入っていこうと波を押しつける。2つの力が打ち消し合う地点に立つ激しい白波が、一本の線を引いていた。

私は今までの人生を振り返ると、川より海で遊ぶことの方が多かった。だから、旅に出る前は正直、川に不慣れな分、ミシシッピ川の流れがどれくらいのものなのか想像できず、不安だった。けれど、3ヶ月も川を下ると、すっかり川の風景に慣れてしまって、いざ海を間近で見ると、海が怖くなった。海の波が規則正しく、ただ同じ波の音を繰り返しているのが気味悪かった。ただ一方的に下流に向かって水が流れるだけの川では、波が起こるのは大型船による一過性のもので、押しては返す波の音が延々と続くことなんてなかった

同じ水遊びでも、海と川は全く異質のものだと認識する。

お姉さんも同じ気持ちになって、やや怖気づき、予定通りに海へ出て海岸線を漕ぐべきか、それともサウスパスの中にとどまるべきか、2人で悩んだ。

結局、波が少し穏やかなところを何とか見つけて、メキシコ湾へ出た。終わりなく延びている砂浜を右手に見ながら、海水の上を漕ぐ。

それから適当なところで上陸すると、2人で抱き合った。何で抱き合ったのかはわからない。けれど、そうすることが自然な気がした。ミシシッピ川はアメリカ最大の川だけど、メキシコ湾の大きさは異質で、美しくて、この到着の瞬間を

分かち合えたということがただ嬉しかった。

2人で裸になって、海で泳ぐ。確かに水は、しょっぱかった。

この3ヶ月でたくさんのことが変化した。

一人旅だったのが、いつの間にか二人旅になって。

ダウンが欲しいと寒さで震えていたネブラスカの夜が、裸で寝ても汗が止まらないルイジアナの熱帯夜に変わって。

そして淡水はついに海水になった。

私は、アメリカでの生活が思い通りにいかず、ホームレスまで転落して、そういう劣等感に苛《さいな》まれながら旅に出た。だけど、川下りの道中は、頭の中で考えて作った旅の予定なんて、何の役にも立たないような想定外の出来事の連続で。そういう生活をするうちに、「まあ、死ななければ、後でどうにでも立て直せるさ」と、とても大らかな気持ちで物事を俯瞰して考えられるようにもなった。

お姉さんに聞いた。川下りの楽しさって、何だろう？

お姉さんの答えはこうだった。

「ただ毎日、サバイブすることが楽しい」。

食べて、飲んで、漕いで。たまに変な人や生き物に出会ったり。そして気ままにその日寝る場所を決める。そうやってただ毎日を生きているのが楽しいのだ。普通に生活していると、毎日大変で、生きていることが嫌になったりする。それと比べて、ただ毎日生きていることが楽しいなんて、何て幸せな人生だろう。

この旅の価値は人力で3000キロ、ド根性で下ったことにあるワケではない。自分は孤独に進むのだと、意地になって始めた旅は、いつの間にかたくさんの人とつながり、助けられる旅になった。初めは一人だったからこそ、本当に独りに陥らないように、一期一会を大切にできた気がする。

一人と孤独は違う。好きなことを突き詰めると孤独になると言うけれど、私は一人で好きに旅に出たおかげで、むしろたくさんの人と交流できた。どこかの国のことわざで、「速く行きたいなら一人で行け。遠くに行きたいならみんなで行け」というものがある。この旅はまさに、この言葉を体現してくれた。

カヤックは、3000キロずっと川の水に浸かりっぱなしでコケだらけ、舟底はヌメヌメの緑色になっている。思えば遠くまでよく来たものだ。川を通してたくさんの人と触れ合って、アメリカ国内に広がる多様な文化と人生の価値観に触れられたのは、特別な出来事だった。

この旅は、最高だった。

ワイルドお姉さんとゴールを迎えて記念撮影

ミシシッピ川の河口から見たバードフットデルタの水路

おわりに

メキシコ湾の砂浜で、満天の星空をテントの網戸越しに眺めながら一泊した翌朝、ペリカンの群れが飛んでいるのを見た。北部で見た白い大きなペリカンと違って、ルイジアナのペリカンの体は茶色くて小柄。日焼けした私に似ている。

ペリカンは飛ぶのに疲れると、岬の標識の上にぎゅうぎゅうに並んで止まる。好きでそうしているのではなく、頭を動かした拍子に大きな嘴を隣人に当てて海に突き落としてしまわないための配慮なのだと思う。みんな行儀よく同じ方向を向いていた。何だか、日本人を見ているようだった。

彼らは日中、海辺へ集まって餌を探し、時間になったらどこか遠くの寝ぐらまで飛んで帰るらしい。私もそろそろ帰らないといけない。普通の社会生活へ。

帰りは、サウスパスを流れに逆らって漕いで上らなければいけない。けれど、もう特に思い残すこともないので、帰りの船をヒッチハイクすることにした。ちょうど停泊していた土壌調査船を見つけ、これ幸いと近づいて「Have you ever take a hitchhiker on your boat?（ヒッチハイカーを船に乗せたことはありますか？）」と尋ねた。しかし私の遠回しな言い方が通じず、船長さんはキョトンとした顔をして、海賊みたいなイカツイお兄さんたちが集まって来た。私はめげずに、もう一度、同じ言葉を繰り返してみる。すると船長さんは、あーなるほど、という顔をして「ノーだけどイエスだ」と答えて、私を乗せてくれた。この本の序盤に書いたヒッチハイカーの黒い暗黙のルールはここでは適用されず、無事に町に帰ることができた。

お兄さんたちはいわゆる出稼ぎの労働者で、登録業者を通して海や川へ数週間派遣されては、家族の元へ帰り、そしてまた遠くへ派遣されるという生活を繰り返しているそうだ。

一人の男が言った。過去に、派遣先で仲間が作業中に足を切断する事故にあったのを見たことがある、と。沖合いから何十キロも離れていて、港に引き返すのに何時間もかかったらしい。するとまた別の男が言った。「俺はこの仕事で死んだって、構わないさ。死んでも保険金がたくさん入るなら、それでいい。労災で死ねば、相応の保険金が下りるはずだ」。家族を養うのは大変なことで、どこの国にも文字通り命がけで働く人がいる。人種は関係ない。

夕食は、彼ら作業員が借りているコテージの台所に集まって、みんなでシェパードパイを作って食べた。ひき肉とマッシュドポテトを交互に重ねて、最後にチーズをのせてオーブンで焼く料理。台所をやたらと仕切りたがるお兄さんがいて、彼は、「俺は刑務所にいる間、調理場で刑務をしていたんだ」と何度も大きな声で繰り返していた。昔はいろいろあって前科者らしいが、今はこうやって普通に暮らしているという。

旅をしていると、いろんな人に出会う。

それからもちろん、別れもある。

旅を終えて思う。実際は、便利だけど窮屈な文明社会に生きるより、キャンプ生活で自然を放浪する方がよっぽど楽だ。

川下りを経験したことで、私は家がなくても幸せに生きられるとわかった。

家はなくても良いが、真に持つべきは、理解のある友だった。私は大学に戻ってから、友人宅のリビングで室内用ハンモックを吊るして寝た。そして週末に働くアルバイト先も見つかった。それは、ナチェズの町で自分に誓った新たな夢、剥製工房での仕事だった。剥製工房は、大学から800キロ離れていて、移動だけで一日潰れるから、週末は寝袋で寝た。

大学を卒業して、その剥製工房に本格的に就職してからは、走らないキャンピングカーを4万円で買って、それを職場の裏庭に置かせてもらって生活している。私は川下りの旅を終えた今も、普通の家に住む生活を拒み続けている。

かの冒険家、植村直己氏が書いた著書「青春を山に賭けて」の一幕に、海外アルバイト生活時代に、アルバイト先の事務所に寝泊まりして過ごしていたエピソードが書かれている。植村氏は、アルバイトで稼いだお金を自分の登山に全振りするために、家を借りない生活を選択した。私の現在の生活スタイルは、この植村氏のエピソードにインスピレーションを得たものでもある。

私も、限りある人生を好きなことに全振りして生きてみたいと思う。

旅の途中、中央大学の久保知一教授から、「面白そうだから、クラウドファンディングに挑戦してみたらどうか」というお話を頂いた。私は、自分が好きで勝手にやっている旅なのに、誰も賛同してくれる人なんていないと思っていた。自信がないながら始めてみたけれど、終わってみれば目標金額に達していた。何よりも、私がやっていることを、私自身が思うよりも肯定的に捉えて応援してくれる人がいると知って、とても嬉しかった。私がこの旅行記を書くのに至ったのも、教授の「面白そうだから」という言葉と、クラウドファンディングで受けた応援がきっかけだった。本当に、感謝している。

最後に、今回の川下りで突然出会った見ず知らずの私を家に泊めてくれた、川岸の13軒の家族と、水や食料などを分けてくれた数え切れないくらいたくさんのリバーエンジェルに感謝を伝えたい。

この旅が学びある有意義なものになったのは、全て彼らのおかげだ。

広いアメリカで、全員とまた直接会ってお礼ができるかはわからない。けれど、彼らが私にしてくれたみたいに、私もいつか偶然旅人に出会ったら、必要な助けを差し伸べたいと思う。そうやって、私もリバーエンジェルの輪を広げたいと思っている。

川下りの旅の途中に見つけた
「剥製師になる」という夢の実現のため、その後、
コロラド州のダン・フレンチ剥製工房で修行することになった

(10) Lower Mississippi River Navigation Charts and Upper Mississippi River Navigation Charts.
https://usace.contentdm.oclc.org/digital/collection/p16021coll10

(11) Lower Missouri River Navigation Charts
https://usace.contentdm.oclc.org/digital/collection/p16021coll10/id/11947/

(12) United States Census Bureau. https://www.census.gov

(13) Oil tanker sizes range from general purpose to ultra-large crude carriers on AFRA scale.
https://www.eia.gov/todayinenergy/detail.php?id=17991

(14) Poverty-stricken past and present in the Mississippi delta.
https://www.pbs.org/newshour/show/poverty-stricken-past-present-mississippi-delta

RIVERGATOR https://www.rivergator.org

参考資料

(1) Nebraska Bird Library. http://www.nebraskabirdlibrary.org

(2) St. Franciscville flood: A Tale of a Travelling House. http://stfrancisville.blogspot.com/2017/08/st-francisville-floods-tale-of.html

(3) The Animal Diversity Web. https://animaldiversity.org

(4) Course Changes of the Mississippi River. https://www.nps.gov/vick/learn/nature/river-course-changes.htm

(5) Different Types of Barges Used in the Shipping World. https://www.marineinsight.com/types-of-ships/different-types-of-barges-used-in-the-shipping-world/

(6) Food Stamps in Mississippi. https://statisticalatlas.com/state/Mississippi/Food-Stamps

(7) Genealogist Who Tracks Down Modern-Day Slavery Practices. https://www.youtube.com/watch?v=6OXbJHsKB3I

(8) Leopold, A., Schwartz, C. W., & Leopold, A. (1966). *A Sand County almanac: With other essays on conservation from Round River.*

(9) Lewis and Clark Expedition. https://www.history.com/topics/westward-expansion/lewis-and-clark

著者プロフィール

佐藤ジョアナ玲子（さとう じょあな れいこ）

1996年、東京都港区生まれ。日比ハーフ。東京都立工芸高校卒業後、生物学を志し米・ネブラスカ州に大学留学。コロラド州のダン・フレンチ剥製工房にて剥製師を目指して修行。ロッキー山脈に点在するフォーティナーズと呼ばれる標高1万4000フィート（4267m）を超える53の山々を制覇するべく、山登りに興じている。カヤックでの５大陸制覇にも挑戦中。

2021年11月１日　初版
2022年７月25日　第２版

ホームレス女子大生川を下る
in ミシシッピ川

著者　佐藤ジョアナ玲子
発行者　永山　一規
発行所　報知新聞社
〒130-8633 東京都墨田区横網1-11-1
電話　03（6831）3333（代表）

表紙デザイン　入江あづさ
本文デザイン　株式会社サン・ブレーン
印刷所　株式会社サンエー印刷

ISBN　978-4-8319-0171-2